FTBC 59372087886217

WITHDRAWN
WORN, SOILED, OBSOLETE

Una HISTORIA de PESO

Lorena Jiménez

Una
HISTORIA
de PESO

**El relato entrañable de un hombre
decidido a recuperar su vida**

Prólogo de Carlos Alazraki

Diseño de portada: Diana Ramírez
Fotografía de portada: Shutterstock
Diseño de interiores: Felipe López/Grafia Editores, S.A. de C.V.
Fotografía de autora: Adriana Medina

© 2014, Lorena Jiménez

Derechos reservados

© 2014, Editorial Planeta Mexicana, S.A. de C.V.
Bajo el sello editorial DIANA M.R.
Avenida Presidente Masarik núm. 111, 2o. piso
Colonia Chapultepec Morales
C.P. 11570, México, D.F.
www.editorialplaneta.com.mx

Primera edición: abril de 2014
ISBN: 978-607-07-2093-2

No se permite la reproducción total o parcial de este libro ni su incorporación a un sistema informático, ni su transmisión en cualquier forma o por cualquier medio, sea éste electrónico, mecánico, por fotocopia, por grabación u otros métodos, sin el permiso previo y por escrito de los titulares del *copyright*.
La infracción de los derechos mencionados puede ser constitutiva de delito contra la propiedad intelectual (Arts. 229 y siguientes de la Ley Federal de Derechos de Autor y Arts. 424 y siguientes del Código Penal).

Impreso en los talleres de Litográfica Ingramex, S.A. de C.V.
Centeno núm. 162-1, colonia Granjas Esmeralda, México, D.F.
Impreso y hecho en México – *Printed and made in Mexico*

A mi querido Guss, por prestarme su historia como fuente de inspiración, por enseñarme ese espíritu de lucha que no se rinde jamás. Gracias por el ejemplo de vida que nos das con tu presencia.

A mi adorado Santi, por regalarme su grandeza día a día.

A mi querido René, por esta gran ocurrencia. Gracias.

A mi querido Alfonso, por compartir su arte conmigo.

Daniel, por tu confianza y entusiasmo, gracias.

Tere, gracias por ser parte de este libro.

Prólogo

La historia de Juan es una historia real que desgraciadamente sucede todos los días. Es una historia mucho más profunda que su triste accidente. Es una historia de supervivencia. De una supervivencia emocional y de una supervivencia física.

En esta maravillosa novela, *Una historia de peso*, la talentosa escritora Lorena Jiménez nos lleva paso a paso desde el accidente de Juan hasta su más profunda depresión.

En ella nos narra con gran amenidad el proceso que Juan tuvo que pasar para salir adelante, en el cual Lorena no se tocó el corazón para describirnos la cruda realidad de una vida que había perdido la esperanza de vivir.

Es un libro que no pude dejar de leer.

En su transitar, Lorena me hizo sentir muchas veces que estaba viendo una película y no leyendo un libro.

Lo disfruté y aprendí que cuando en la vida una persona quiere, siempre se puede.

Que no importa qué tan abajo estés, siempre te podrás levantar.

Mil gracias Lorena por enseñarme a ser una mejor persona y a amar la vida.

Carlos Alazraki

Introducción

U*na historia de peso* es una novela de superación personal basada en una historia verídica, la de Juan, quien "toca fondo" tras sufrir un terrible accidente que lo manda al hospital. Juan hace entonces un recuento de su vida, y al revivir una serie de experiencias fuertes y estremecedoras por las que ha pasado, descubre que él ha sido el causante de sus desgracias por su actitud negativa, mediocre y descuidada ante la vida.

En un lenguaje popular y cotidiano, Juan nos cuenta varios episodios de su vida: su difícil infancia, la pérdida de dos hermanos, su precaria situación familiar, el intento de suicidio de su padre, la fortaleza y el dolor de su madre, las serias enfermedades que enfrentó (del hígado, osteoporosis y cáncer), así como sus logros y la consecución de sus sueños.

A través de la narración de todas sus vivencias, tragedias, enfermedades y accidentes, Juan hace profundas reflexiones que lo llevan a asumir sus consecuencias y a tomar conciencia de que él es su propia causa. Al final, descubre cómo estas experiencias lo han fortalecido, y ello lo vuelve un hombre agradecido, alegre y confiado. Tiene ganas de vivir, disfruta sus logros, enfrenta su recuperación tras el terrible accidente que sufrió, se cuida para no recaer en el cáncer, valora y ama a su familia, aprecia estar vivo, y vive intensamente sin culpar a nadie de todo lo que ha pasado.

Una historia de peso, sin duda, conecta con los valores y sentimientos más profundos de un ser humano para ayudarlo a fortalecer su espíritu y encontrar la plenitud en su vida.

Es también la crónica de un milagro urbano para llenarte de inspiración. ¿Estás listo para vivir intensamente?

La autora

1

La tarde era como cualquier otra en que salía entusiasmado de mi trabajo, donde hacía lo que más me gustaba en la vida: entrenar personas para fortalecerlas y formar sus cuerpos. Gracias a mi exitosa trayectoria como fisicoculturista, me había convertido en un experto instructor de gimnasio.

Me trasladaba en mi motocicleta con alegría, pues me dirigía a recoger a mi hija Sofía del colegio para llevarla a comer a casa, donde nos esperaba mi esposa María como todos los días, con una deliciosa comida recién preparada. Iba clavado en mis pensamientos cuando llegué a un semáforo en rojo, donde me detuve con toda cautela: sabía la importancia de respetar las señales de tránsito, especialmente al viajar en moto en una gran ciudad como la de México.

Esperé el cambio de luz con mucha atención y prudencia; una vez que se puso el verde reinicié mi marcha con una sonrisa dibujada en mis labios, cuando de repente… ¡zas!, sentí un fuerte golpe que me lanzó por los aires. Estaba totalmente desconcertado, ¿qué podría haber sucedido? Si yo estaba manejando con absoluta precaución. Cuando mi cuerpo se impactó brutalmente contra el pavimento, mi mente se llenó de imágenes de mi hermosa familia; pensé en las ganas que tenía de vivir, de ver crecer a Sofía, de lo mucho que amaba a María, y de las pocas ganas que tenía de morir.

"Ahora no", pensé con desesperación, "no después de haber superado tantas cosas". Mi cabeza era un remolino de ideas, emociones, sentimientos de dolor y angustia. ¿Existiría un destino contra el que nada se podía hacer? ¿Sería mi fin? Estas y mil interrogantes más rondaban mi mente cuando mi cabeza golpeó el piso, donde quedé tirado cual muñeco de trapo, con esa impotencia que da la incertidumbre, y bastante aturdido.

Mi primer impulso fue enojarme, indignarme, enfurecerme. Pero en medio de todas esas emociones, y sin que pudiera sentir mi cuerpo, me sentí vivo; no sabía en qué estado, pero vivo, y eso me llenó de esperanza. Tuve miedo, mucho miedo, y entonces miré a mi alrededor. Me di cuenta de que estaba tirado a media calle, ensangrentado, inmóvil, y me sentí frágil, indefenso, impotente, con la frustración de ser sorprendido, arrollado, machucado e ignorado por quien cometió y provocó el accidente.

De pronto advertí que estaba rodeado de gente que me observaba; algunos me preguntaban cómo podían ayudarme; otros me informaban que ya habían llamado a la Cruz Roja y que venía en camino. Una chava se acercó con una botella de agua y me ofreció unos tragos que me supieron a gloria; otros más estaban de curiosos y comentaban cosas como: "Yo vi quién fue", mientras señalaban a lo lejos. Uno gritaba: "¿Quién tiene un papel? Yo tengo las placas en mi cabeza y quiero anotarlas". Una señora con delantal se acercó y sacó de su bolsillo un papel y una pluma para que el buen hombre pudiera anotar las placas; lo hizo y dijo que esperaría a que apareciera algún policía para entregárselo.

Mientras tanto, yo continuaba oyendo a los curiosos que se arremolinaban a mi alrededor: "¿Se habrá roto las piernas?". "¿O los brazos?". "¿Sobrevivirá?". "Tal vez sufrió un golpe en la cabeza que le provocó amnesia". "Pobre hombre". Yo reflexionaba que todas esas cosas las piensa la gente en voz alta, sin malicia, con morbo tal vez, pero siempre con buenas intenciones, pero hubiera querido decirles que yo era un ser humano, no solo un imbécil inanimado tirado en la calle, o un títere sobre el cual inventar historias y chismes. Mi mente estaba poblada por un montón de pensamientos acerca de la gente, de mí mismo, de mi pasado, de mi futuro y de ese momento presente, el cual no podía concebir que estuviera sucediendo, ni podía imaginar a ciencia cierta en qué terminaría.

Tuve tiempo de analizar qué gran imaginación tiene la gente: todos habían hecho ya sus historias y versiones propias del accidente, que desgraciadamente me había sucedido a mí. Continué ensimismado, observando a todos a mi alrededor, a esas personas que estaban ahí mirando, inventando, sonriendo, bendiciendo, maldiciendo, pero finalmente estaban de metiches, aunque algunas tenían una genuina intención de ayudarme.

De pronto, un hombre de alrededor de cuarenta años salió de entre la multitud; vestía una camisa a cuadros y un pantalón café; tenía abundante cabello oscuro, un rostro amable y una sonrisa tan dulce y sincera que no pude evitar observarlo con atención, pues me transmitió confianza, tranquilidad y mucha paz. Este hombre, que parecía haber salido del mismísimo cielo, se me acercó con decisión, me vio a los ojos con una mirada profunda y me puso la mano en el pecho, justo a la altura del corazón. En ese momento experimenté una gran paz, y por unos instantes sentí que desaparecía el intenso dolor que atenazaba todo mi cuerpo. El hombre me tomó la pierna que no dejaba de sangrar y le amarró un cinturón, tras lo cual me sentí relajado, tranquilo y menos enojado; es más, el enojo se había desvanecido casi por completo, qué maravilla.

Me entregué a ese estado de paz con el alma rebosante de esperanza. Minutos después, el hombre misterioso, que se podría decir que tenía la apariencia de un ángel, se levantó y se alejó entre la multitud. Lo seguí con la mirada, deseando que no se fuera, que regresara para tener la oportunidad de agradecerle y estrecharle la mano; quería saber quién era, preguntarle su nombre, platicar con él. Pero fue imposible pues nunca lo volví a ver entre la muchedumbre.

Eso me hizo recordar una historia que me contaba mi abuela sobre los ángeles que están en la tierra para ayudarnos, y que aparecen así, de repente, con aspecto de personas, para llevarnos un mensaje de esperanza y anunciarnos que todavía no es nuestra hora. Así que de alguna manera me aferré a esa historia y empecé a contármela. Ahora sabía que todavía tenía una oportunidad, y recordé a mi viejecita consentidora, e incluso pude sentir su presencia. Siempre fue cariñosa, alegre y muy bailadora, con decirles que practicaba baile de salón, así que tres veces por semana se iba con sus amigas a bailar. Lo hacía muy bien, con un ritmazo que por supuesto yo no heredé ya que tengo dos pies izquierdos. Cuando mi abuelo murió, mi abue ya no quiso volver a casarse, aunque estaba de muy buen ver todavía. Los pretendientes hacían cola. Fueron un matrimonio ejemplar; cuando cumplieron cuarenta años de casados hicieron un pachangón de miedo, y a los pocos meses mi abuelo partió. Mi abue vivió agradecida por haber encontrado a un hombre como él y haber compartido tantos años juntos. Estuvo triste algunos meses, lo recuerdo muy bien, y luego se puso la pila y siguió con su mismo carácter. Volvieron los días en que cualquier pretexto era bueno para festejar: Navidad, Año Nuevo, las buenas calificaciones, los nacimientos de sus nietos, el cumpleaños de sus hijos, el aniversario de bodas. Preparaba una barbacoa para chuparse los dedos, acompañada de tortillitas recién hechas, salsas de varios chiles, frijolitos de la olla y un arroz que no tenía nombre. Siempre que podía le echaba la mano a mi mamá con nosotros. Nos ayudaba con las tareas y cuando terminábamos nos sentábamos alrededor de ella para escuchar alguna historia de su pueblo, o para que nos leyera un cuento. Nos decía que leer nos quitaba lo brutos y nos hacía imaginar cosas, que cuando fuéramos grandes nos ayudarían a disfrutar de la vida y a conservar la memoria. Mi viejita adorada nos duró muchos años, bendito Dios. Falleció a los ochenta y nueve, dormidita en su cama y con una sonrisa.

Más adelante descubriría que gracias a ese hombre no me amputaron la pierna.

"Bendito sea", pensé, aunque todavía no comprendía la relevancia de esa intervención. El simple hecho de que mi dolor hubiera disminuido me hizo pensar que tal vez podría librarla y seguir viviendo. "Bendita la gente que ayuda, bendito Dios, que debe estar protegiéndome", seguía repitiendo para mis adentros, aun cuando el dolor regresaba y no podía moverme. "¿Será que los médicos podrán salvarme?", me pregunté.

Seguía en el piso, inmóvil, rodeado de gente. Habían transcurrido varios minutos, ¿o serían horas? Era como si el tiempo se hubiera detenido y todo sucediera en cámara lenta. "¿A qué hora vendrán a auxiliarme? ¿Lo sabrá ya Mary, mi mujer? ¿Se dará cuenta al enterarse de que no llegué a la escuela por Sofi? Dios mío, mi hija.

Nadie va a llegar por ella". Mi mente era un auténtico torbellino de pensamientos.

Me acordé entonces de mi celular. Con tremendos esfuerzos, y ante la incredulidad de la gente, logré sacarlo del bolsillo de mi pantalón y pedí que alguien me ayudara a escribir un mensaje para uno de los clientes que entreno, quien además es un buen amigo. Me ayudó una mujer, a quien le pedí que escribiera: "Tuve un accidente, estoy herido y pronto me llevarán a algún hospital. Avísale por favor a mi familia". No tardó mucho en llegar una respuesta favorable que me aseguraba que daría el mensaje y además enviaría a dos personas de toda su confianza para auxiliarme, pues desgraciadamente él no podía hacerlo en ese momento.

Sentí que el alma me volvió al cuerpo: mi familia estaría enterada y mi mujer podría ir por nuestra hija, aunque desgraciadamente les causaría gran angustia. Yo soy el respaldo, la fuerza y la protección de mis mujeres, ¿cómo evitarles el dolor de saberme accidentado? Hubiera querido llamarles directamente, pero no tenía la fuerza para hacerlo. Ojalá Mary no entrara en crisis y la pobre Sofi no tuviera miedo de perder a su papá. Tenía que lograrlo, iba a salir adelante por ellas.

Entonces escuché que se acercaba una ambulancia; jamás imaginé sentir tanta emoción al oír ese sonido. Sin duda iba por mí. Recordé cuántas veces me hice a un lado para dejarlas pasar, muchas. En varias ocasiones vi con desesperación cómo algunas personas inconscientes ni siquiera hacían el intento de hacer su coche a un lado para darles el paso. ¿Estaría sucediendo algo similar ahora? Qué angustia pensar en que no dejaran pasar al vehículo que podría ser decisivo entre mi vida y mi muerte, entre dejar a mi hija sin padre y a mi mujer viuda. ¿Sería posible que los conductores pudieran imaginar lo que se jugaba en ese momento? ¿Qué tal si no y era demasiado tarde?

Los segundos se volvieron eternos, pero logré mantenerme despierto al llegar la bendita ambulancia. Como entre sueños vi a una mujer y un hombre vestidos de blanco con una camilla, seguidos por otros dos, que seguramente eran el conductor y el copiloto. Algo alcancé a entender de lo que me preguntaban; logré dar mi nombre y algunos datos, y según lo que comentaron, me enteré de que el hombre que me había atendido y quitado el dolor había hecho lo correcto.

Al moverme para subirme cuidadosamente a la camilla, los paramédicos descubrieron que no solo tenía un enorme fierro de la moto incrustado en el muslo izquierdo, sino que tenía fracturados ambos hombros, por lo que no podían doblarme los brazos para que entrara a la ambulancia. Pero en un despliegue de destreza, los paramédicos consiguieron subirme sin lesionarme más.

Entonces me di cuenta del fregadazo que me acomodé y de la gravedad del accidente. Mi cuerpo estaba dormido, casi no lo sentía. Fue en ese momento cuando empecé a exigirme ser optimista y no caer en mi conocido pesimismo imaginándome lo peor. No tenía nada a mi favor, solo con verles las caras a los paramédicos bastaba para darme cuenta de lo jodido que estaba, sin contar los gestos y comentarios de la gente que se había acercado a la ambulancia para acompañarme en señal de solidaridad. Lo intenté pero no pude.

Empecé a imaginarme mil cosas horribles: que si ya no podría volver a caminar; que si me quedaría tullido; que si hubiera sido mejor morirme de golpe sin darme cuenta. De repente vinieron a mi mente la imagen de mi hija y de mi esposa, seguro que Diosito me las mandó para que no siguiera con tanta tontería, y como por arte de magia empecé a sentirme agradecido, contento de estar con vida; empezó a brotar en mí un valor para vivir que nunca había sentido. Por primera vez experimenté la grandeza de mi existencia y lo maravillosa que es la vida, con todo y sus cosas, los momentos buenos, regulares, malos y trágicos. Y vaya que lo sé.

Así que aproveché esa lucecita que me iluminó para agarrarme con uñas y dientes a la vida; tenía que aferrarme a ella o me cargaba el payaso. Me puse los guantes para luchar por mí y vencer los temores que me hacían temblar de angustia. No tenía nada más que la convicción de salir adelante. ¿Cómo? Eso sí que no lo sabía, pero lo haría a cualquier precio sin que nada ni nadie me lo impidiera y con el firme propósito de lograrlo.

Pasaron tantas cosas por mi mente en tan pocos minutos. Conversaciones que no paraban e iban de una frase a otra; a veces con sentido y otras completamente fuera de lugar. Lo interesante era que estaba dándome cuenta de eso. Eran un chorro, y yo tan distraído durante tanto tiempo. Y luego me pregunto: "¿Por qué me pasa tal o cual cosa?".

Si es verdad que todo lo que uno piensa se hace realidad, ahora entiendo muchas cosas.

2

Cuando me sentí a salvo, ya a bordo de la ambulancia y rumbo al hospital, finalmente me abandoné a un profundo sueño. ¿O acaso me desmayé? ¿Habré muerto por algunos instantes? En verdad no podía saberlo, pues pasaron muchas horas antes de que recuperara la conciencia.

Durante ese profundo sueño empecé a recordar etapas de mi niñez: me vi a los ocho años de edad, ¡qué emoción! Estaba jugando alegremente con mis hermanos en la calle, frente a nuestra pequeña y humilde casa, a la que vi como si estuviera otra vez ahí: blanca, con esa puerta de madera roída que alguna vez fue nueva, con aquellas viejas tejas en el techo que se caían de vez en cuando como en señal de protesta, y con dos ventanas de las que colgaban unas cortinas floreadas que mi madre había hecho con gran esmero. Cuántas veces las presumió. Así era mi jefa: siempre le gustaba que reconociéramos sus hazañas, y vaya que se lo merecía, pues fue una luchadora que logró sacarnos a todos adelante.

Apenas teníamos lo necesario para sobrevivir, pero no le concedíamos tanta importancia, pues nuestros papás siempre nos dieron lo más importante: amor, cariño y respeto, además de que nos enseñaron a tenerlo entre nosotros.

De mis dos hermanos, mi favorita siempre fue Vicky, que fue como mi segunda madre. Cuando yo tenía ocho ella era toda una protectora de trece que cuidaba de mí y de mi hermano menor, Ricardo, cuando mi madre salía en un intento por conseguir algo de dinero para la familia. Recuerdo cómo dibujaba un avioncito en el piso con un gis blanco, mientras yo mojaba pedazos de periódico para aventarlos y divertirnos.

Mi mamá llegaba muy cansada de trabajar, después de lavar ajeno como todos los días. Nos encontraba cubiertos de tierra y suspiraba profundamente, pues ahora le tocaba lavar la ropa de sus hijos, de su esposo y la suya. Era muy grande su amor por nosotros, pues a pesar de todo su cansancio se daba tiempo para jugar con sus hijos.

"Mami, mami", le gritábamos, "ven a aventar tu bolita, ya es tu turno". "Espérenme", nos contestaba casi por inercia, "nomás dejo mis bolsas del mandado y voy". "Mami, mami, corre que es tu turno", le insistíamos una y otra vez, hasta que salía a jugar al avioncito con nosotros.

Mi mamá tenía una gran agilidad y siempre mantenía una sonrisa en los labios, a pesar de que vivía con la gran tristeza que le causó la pérdida de su hijo mayor; se le llenaban sus ojitos de lágrimas cada vez que hablaba de él. Siempre nos platicaba a Ricardo y a mí sobre lo aplicado y cariñoso que era Ángel; cuán alegre y divertido fue. Nos contaba muchas historias de mi hermano, a quien se llevó la leucemia cuando apenas tenía once años. Ni Ricardo ni yo lo recordábamos, salvo por una fotografía que le tomaron unos meses antes de fallecer, la cual estaba en la mesa de la entrada de la casa. Pero esta enorme pena no evitaba que mi madre se mantuviera al pendiente de sus otros tres hijos, y eso fue algo que siempre le admiré: su capacidad de amar y a la vez de sufrir en silencio.

Así que mi mamá jugaba un rato con nosotros y se metía de nuevo a la casa, donde la esperaba todavía más ropa sucia, con la que tenía que lidiar para después preparar la cena para cuando llegara mi papá, a quien siempre recibía amorosa y complaciente. Aún recuerdo con qué paciencia lograba que todos los días mi hermana Vicky la ayudara a cocinar, y que Ricardo y yo pusiéramos la mesa. A mí me encantaba hacer el agua de limón, y esa era una de mis tareas, pues cada quien tenía las propias; mi madre nunca hizo que mi hermana nos atendiera: todos trabajábamos parejo y nos hacíamos cargo de nuestras cosas, como tender la cama, poner nuestra ropa sucia en su lugar, sacar nuestro uniforme para la escuela, mantener limpios nuestros zapatos.

Ahora me doy cuenta de cuánto bien nos hizo mi madre, ya que estábamos realmente organizados y todo funcionaba correctamente.

Vicky era tan alegre o incluso más que mi mamá: a todo le encontraba gracia, y su risa era muy contagiosa. También era la más chambeadora de todos, siempre con la intención de ayudar en las labores domésticas.

Hasta que un día su eterna sonrisa abandonó su rostro: llegó de la escuela triste y decaída, sin bromear acerca de todo, sin bailar ni cantar *El sirenito*, su canción favorita de Rigo Tovar. Así, de la noche a la mañana, esa castañuela de chamaca empezó a sentirse mal. No solo dejó de reír y cantar, sino que ya no quería ni comer.

Esperábamos que fuera algo pasajero, pero con el paso de los días el panorama no hacía sino empeorar: Vicky no quería levantarse por la mañana, se le veía cada vez más pálida, delgada y ojerosa; apenas se movía, decía sentirse muy débil. Yo le decía que no me gustaba verla así y le suplicaba que me contara qué andaba mal; si se trataba de algún chavo que no la pelaba; si sus amigas le decían cosas; si era porque Ricardo y yo la fastidiábamos, pero ella me contestaba una y otra vez: "No te preocupes, Juan, todo está bien, solo tengo muchas ganas de dormir y no me da nadita de hambre, pero no quiero preocupar a mis papás con mis cosas. Por favor, no les digas nada. Pronto se me va a pasar y todo volverá a ser igual".

Por supuesto, nadie tuvo que contarles a mis padres, que se dieron cuenta de cómo estaba y lo enferma que se veía, así que la llevaron con el médico del dispensario. Este les dijo que no tenía nada, que se trataba de una etapa normal en una chavita de trece años que entraba en la adolescencia, que no debían darle importancia porque pronto pasaría. Mis papás se tranquilizaron con el diagnóstico. Platicaron con Vicky para pedirle que le echara muchas ganas, que comiera para no sentirse débil, que se pusiera a estudiar y se esforzara por cambiar ese ánimo. Ella, por supuesto, hizo un esfuerzo, pero en lugar de mejorar, mi querida Vicky estaba cada vez más y más débil.

Un día mi mamá le contó a la señora para quien trabajaba lo que le estaba sucediendo a mi hermana, y el miedo que tenía de que fuera lo mismo que le sucedió a mi hermano Ángel, pues tenía un mal presentimiento; el solo pensamiento de que también fuera leucemia le ponía los pelos de punta y la hacía revivir todo lo que pasó con mi hermano. La señora Lucy le aconsejó que la llevara a ver a un especialista para descartar esa enfermedad; incluso le recomendó a uno de toda su confianza. Al día siguiente, mi mamá llegó con Vicky a casa de la señora Lucy, y ella las llevó con el médico.

El doctor la examinó con detenimiento y le mandó unos análisis de sangre, los cuales le hicieron ese mismo día en un laboratorio cercano al consultorio, aunque se tenían que esperar un par de días más para que el doctor los estudiara. Durante la espera, a mi adorada hermana se le veía cada vez más enferma, y al tercer día, cuando mi mamá llegó a casa de su patrona, se encontró con lo que más había temido: Vicky también tenía leucemia.

¿Se pueden imaginar el dolor tan desgarrador que invadió a mi pobre madre? No podía creer, ni mucho menos entender, por qué le sucedía algo tan terrible. La cabeza le estallaba, el corazón se le paralizaba, las piernas le temblaban, sudaba abundantemente, y de pronto se desvaneció y cayó al piso sin que la señora Lucy pudiera evitarlo.

Cuando volvió en sí, no hacía más que repetir una y otra vez: "No, otra vez, no. Por el amor de Dios, no". Pasaron varios minutos antes de que lograra serenarse un poco. Se tomó el vaso de agua que le ofrecía la señora Lucy y empezó a llorar amargamente, como tenía mucho que no lo hacía. Solo podía pensar en que esa maldita enfermedad ya se había llevado a su hijo mayor y ahora, ahora había regresado por su hermosa hija.

Lloró y lloró sin encontrar consuelo. No dejaba de preguntarse el porqué; le reclamaba a Dios; se estaba volviendo loca del dolor. Y entonces le llegó un recuerdo esperanzador: en el caso de mi hermano Ángel le habían explicado que si hubiera iniciado el tratamiento en una etapa más temprana se habría podido curar; quizá en esta ocasión todavía estaban a tiempo de salvarla. Vio un rayito de luz y comenzó a tranquilizarse un poco.

La señora Lucy la consolaba cariñosamente, y una vez que la vio más tranquila le explicó que el médico no le había dado muchas esperanzas, que la leucemia de Vicky desgraciadamente ya estaba muy avanzada, pero que en ese momento las estaban esperando para internarla e iniciar de inmediato un fuerte tratamiento.

Recuerdo muy bien el día en que ambas llegaron a casa a recoger a mi hermana, pues yo estaba a su lado ayudándole a limpiarse la sangre que le brotaba de la nariz sin motivo aparente, e intentando encontrar un poco de vida en sus ojos tristes y en su piel pálida como un papel. Cómo podría olvidar la última vez que vi a Vicky con vida. La abracé con fuerza, la llené de besos, le pedí que no se fuera. Quise ir con ellas pero no me lo permitieron. Le prometí a Vicky que la esperaría, que estaría bien limpio cuando llegara, que la obedecería en todo, que me comería lo que ella me preparara, aunque no me gustara. Le prometí tantas cosas. Yo quería que se quedara ahí conmigo para siempre, y la sola idea de no verla por unos días me entristecía. Qué dolor. Vicky era mi sostén, más que mi hermana, mi segunda madre, mi amiga, mi todo.

No sé cómo describir el vacío tan grande que me dejó su ausencia. Todavía hoy, después de tantos años, recordarla me hunde de nuevo en la tristeza. Pasaron tan solo unos cuantos días de su partida al hospital cuando lo único que regresó fue una simple caja de madera con un cuerpo consumido, la cual pusieron en la sala de la casa, donde la velamos por varios días; los días más terribles de mi vida.

Creí que no podría llorar más en todo lo que me quedaba de vida. ¿Por qué nadie nos prepara para la muerte? Tal vez así sería más fácil lidiar con la pérdida de alguien a quien amamos profundamente. El velorio fue tan triste; pensar en que la partida de Vicky era para siempre; asimilar que nunca más escucharíamos su risa ni veríamos la alegría en su mirada o su amplia sonrisa. Recuerdo a mi madre en el colmo de la angustia, totalmente destruida y fatigada.

Hoy que soy padre también, puedo entender su gran dolor. La pérdida de un hijo ha de ser lo peor que pueda sucederte en la vida, ¿se pueden imaginar ahora perder dos, y por la misma causa? Pues esa terrible carga la llevó mi madre durante muchos años, al igual que mi padre. Mi pobre padre, tan reservado, tan fuerte, tan callado, en el velorio estaba desconsolado, presa de la desesperación; lloraba como niño chiquito sin alcanzar a comprender por qué les había tocado tal castigo.

Mi hermano y yo nos manteníamos apartados, sumidos en la peor de las tristezas, sin la menor idea de por qué había sucedido algo así. ¿Por qué Dios se había llevado a mis hermanos? ¿Por qué? ¿Por qué? Bien, pues con el tiempo descubrí que preguntarme el porqué no resolvía nada sino acrecentar mi gran resentimiento, mi pena y mi angustia. Un día alguien me dijo que mejor preguntara para qué, ya que de esa forma encontraría la respuesta correcta dentro de mi ser y se me acabaría tanta angustia. Y aunque pudiera parecer increíble, así fue. Al paso de los años he aprendido a resignarme y a aceptar su partida, entre tantas cosas más.

Aunque resignarme no significa que deje de vivir en mi corazón. Con decirles que hasta hablo con ella constantemente. Seguro pensarán que estoy loco, y a lo mejor tienen razón, pero cuando le hablo siento que me contesta y me aconseja.

Todos estos años me ha consolado su presencia imaginaria en mi vida, o tal vez no tan imaginaria. Quién sabe a ciencia cierta qué sucede cuando morimos. A dónde vamos. Pienso, y hasta he sentido, que mi hermana se mantiene cerca de mí en forma de energía, porque cuando le pido alguna señal me la da. Lleva años poniendo en mi camino algún objeto en forma de trébol cada vez que quiere que sienta su presencia: puede ser una piedra, una hoja, una nube. Eso es lo que nos mantiene en contacto.

Además de que mi corazón sigue amándola, todos estos años he vivido agradecido por sus cuidados, su paciencia, su alegría durante el tiempo que vio por mí cuando vivía, y el ejemplo de buena hija y hermana que siempre me dio. Se dice que cuando alguien muere lo idealizamos y solo vemos lo bueno que nos dio, y que se nos olvida lo malo. Y dicen bien, ya que de lo único de lo que me acuerdo son de los momentos felices.

¿Idealizarla yo? Claro que sí. Todo el tiempo. Se me llena la boca cuando le platico a mi hija o a alguien sobre ella. La pongo de ejemplo siempre que puedo, aunque de repente regresan a mi mente las escenas de su velorio y el dolor de su ausencia.

Y es que no es para menos. Vicky me enseñó muchas cosas, desde lavarme las manos hasta abrocharme los zapatos, a defenderme cuando tenía que hacerlo, a sentirme seguro de lo que hacía y decía, a conocer primero antes de opinar, entre muchas cosas más.

¿Cómo alguien que convivió relativamente poco tiempo contigo puede dejarte tantas cosas? Seguro que tenía una misión, la cumplió y se marchó. Esa fue la razón de su corta estancia a nuestro lado.

3

Para mi padre el dolor del fallecimiento de Vicky fue tan insoportable que pocos días después intentó suicidarse. Lo que sucedió fue que, encima de todo, se sentía culpable: pensaba que si mi madre hubiera pasado más tiempo en casa habría advertido que algo andaba mal con su adorada hija y la hubiera atendido con mayor oportunidad. Pero ella tenía que ayudarlo con los gastos de la casa porque por más tiempo que él dedicaba a trabajar, no lograba abastecer a su familia como debía. No pudo más con esa desesperación; se sentía tan deprimido, desolado, triste y desesperanzado, que abrió un frasco de pastillas para el dolor fortísimas que le habían dado a mi hermana unos días antes, y se las tomó toditas.

Afortunadamente, mi mamá llegó ese día temprano y lo encontró tumbado en la cama, inconsciente, con el frasco de pastillas junto a él, así que corrió con los vecinos y consiguió ayuda de volada. Entre varios subieron a mi papá a una camioneta que usaba el vecino para transportar vidrios, y se lo llevaron a la clínica del IMSS que estaba cerca de la casa. Lo ingresaron a urgencias, en donde mi mamá les explicó lo que había sucedido y le lavaron inmediatamente el estómago, aunque el daño ya estaba hecho, por lo que tuvo que quedarse en terapia intensiva durante diez días, hasta que lograron estabilizarlo. A los quince días salió del hospital en perfecto estado.

Bueno, salió en perfecto estado físico, mas no moral. Al despertar analizó la terrible decisión que había tomado, y se sintió muy avergonzado, por lo que volvió a caer presa del abatimiento y la confusión. Pero las cosas siempre pasan por algo, y en este caso, gracias a Dios, el resultado fue muy positivo, pues una vez que lo superó, mi papá cambió su actitud hacia la vida, con su familia y consigo mismo. Empezó a mostrar mucho interés por sus hijos, nos ayudaba con las tareas, asistía a las juntas de la escuela y a los festivales, jugaba con nosotros, platicábamos por largas horas. Y también cambió su trato con mi mamá: ahora la apoyaba y ayudaba en todo, se mostraba cariñoso y amable; sin duda, fue un gran cambio y una inolvidable lección para mi querido padre, quien aún está entre nosotros con ya casi ochenta años.

En verdad fue increíble su transformación. Fue como si nos hubieran cambiado de papá; no lo podíamos creer. Yo casi no conocía su voz, pues era muy callado, y ahora, gran sorpresa, teníamos un padre de tiempo completo, comprometido con su familia, tratando de resarcir el tiempo perdido, empezando de nuevo sin ningún prejuicio y con una gran humildad. Siempre me pregunté por qué no lo había hecho antes, pero fue una pregunta que jamás pude contestarme.

Claro que me daban ganas de enfrentarme a él y preguntárselo, sobre todo cuando empezaron a caerme los años. Quería saber qué había pasado por su mente cuando se tomó las pastillas, pero nunca tuve el valor. Recuerdo que un día le dije a mi mamá que quería salir de dudas y preguntarle a mi papá por qué quería morirse, y ella, con su gran sabiduría, me contestó, "*Pa'* qué *m'ijo*, ya déjalo así, segurito ni él mismo sabe por qué lo hizo". En el fondo, lo que me lastimaba era que le habíamos valido madres Ricardo y yo, y que no hubiera pensado en lo pequeños que estábamos y en la falta que nos haría si se hubiera ido.

Con el paso del tiempo fuimos logrando volver a ser una familia normal y feliz, aunque siempre estaba presente el recuerdo de mis queridos hermanos, Ángel y Vicky. Después me di cuenta de que primero Ángel se fue al cielo y ahí esperó a mi Vicky adorada para hacerle compañía, o eso es lo que elijo creer para evitar seguir pidiendo explicaciones y continuar en el fondo maldiciendo al mismísimo Dios por habérnoslos quitado. Fueron tantos los días, meses, años de dolor que jamás pasó. Hasta la fecha sigo recordándolos e imaginándome cómo hubiera sido Ángel de grande. Quería ser astronauta y pisar la Luna; su sueño y a lo que jugaba todo el tiempo era irse a Estados Unidos y trabajar en la NASA. Entonces me pregunto: si estuviera vivo, ¿hubiera logrado hacerlo? Me gusta imaginar que sí, aunque en realidad nadie puede saberlo. Me gusta sentarme a fantasear que mi hermano hubiera sido uno de los primeros mexicanos en pisar la Luna, y todos estaríamos muy orgullosos de él.

Además, era experto en fabricar naves espaciales con cajas de cartón; mis padres guardaban dos que eran increíbles. De vez en cuando Vicky nos llevaba a la covacha para jugar con ellas; cabíamos perfectamente Ricardo y yo. Las tratábamos con mucho cuidado ya que sabíamos que eran un trofeo familiar, y si mis padres se enteraban no quiero contarles la regañada que nos hubieran puesto a los tres. Nos divertíamos como enanos; se nos pasaba el tiempo volando. Inventábamos historias increíbles llenas de fantasías, en las que Vicky era nuestra capitana y nos enviaba a misiones especiales secretas.

Recuerdo una en la que íbamos a Marte por un alienígena llamado Kuskilauden, un ser muy peligroso que escapaba de planeta en planeta pues era perseguido por el comando interespacial, ya que se había robado la llave que conectaba a las galaxias, y teníamos la misión especial de recuperarla y llevarla directamente a Venus para que fuera custodiada por el ejército venusino, que era el guardián de las galaxias. Así que salíamos los superagentes secretos a velocidad de la luz rumbo a Marte, donde logramos capturarlo después de librar varias batallas con los que lo protegían. Al llegar a Venus lo arrojaba de mi nave espacial en una jaula para que lo castigaran, mientras que mi hermano protegía mi nave. Después, regresábamos a la velocidad de la luz a la Tierra para esperar otra misión especial, ya que éramos la agencia secreta más poderosa y fregona de todas las galaxias.

Nos divertíamos de lo lindo los tres. Hacíamos muy buen equipo, pues lo que no se le ocurría a uno se le ocurría a otro. Ahora, a lo lejos, me doy cuenta de que no se necesita dinero para divertirse, con echar a volar la imaginación es suficiente para crear grandes momentos. Exactamente como nos decía mi abue, cuando nos leía esos cuentos o nos contaba sus fascinantes historias, llenas de acción y fantasía.

También pienso en el sueño de mi querida Vicky: ella quería convertirse en una enfermera amable, eficiente, que ayudara a salvar muchas vidas. Siempre nos decía que si ella hubiera cuidado a Ángel cuando le detectaron leucemia, seguro lo habría salvado. Vicky soñaba con salvar a mucha gente de la muerte, y lo más importante, a muchas familias del sufrimiento, cuando la maldita muerte se llevaba a sus seres amados. A los trece años la apasionaba imaginarse vestida de blanco, con sus zapatos de goma, el cabello recogido y las manos bien limpias; siempre nos decía: "A lavarse las manos para no meter ninguna bacteria o virus a nuestro cuerpo, ¿no ven que por ahí empieza todo?". Siempre hervía el agua que íbamos a tomar y la que ella utilizaba para cocinar. Enjuagaba muy bien los trastes y nos enseñaba cómo hacerlo para que no quedaran residuos de jabón, lo cual podría hacerle daño a nuestras pancitas (así decía ella). Qué recuerdos aquellos. Yo solo tenía ocho años y los tengo tatuados en mi mente y en mi corazón.

Será que se quedaron ahí para siempre porque yo no quiero que se vayan. Sí, eso ha de ser, y quiero que se queden ahí eternamente; muchas veces me he sorprendido diciéndole a mi hija Sofía exactamente lo mismo.

Recordar los sueños de mis hermanos, así como recordar los míos, me hace reflexionar en varias cosas, y me siento orgulloso de haber luchado siempre por hacer que hasta ahora cada uno de mis sueños se convirtiera en realidad. Es difícil escribir esto y no quiero que lo tomen como que soy pedante o que me siento el muy, muy. De ninguna manera; es que, neta, cuando ves la muerte tan de cerca, créanme que no tienes de otra: o te pones a realizar lo que sueñas o esperas a que te sorprenda la pelona y ya no hay vuelta atrás.

4

Un dolor intenso me despertó de repente, y me encontré tumbado en una cama de hospital, todo adolorido. Me pregunté si el médico habría decidido amputarme la pierna izquierda después de quitarme el fierro de la moto que se me había incrustado. Sentí mucho miedo, dolor y angustia, que se tornaron en alegría cuando vi que mi mujer estaba a mi lado, sentada junto a la cama, mirándome con esos ojos tan hermosos. Cómo la amo. Con su figura tan delgada y frágil, pero fuerte a la vez; es tan inteligente, entregada, segura, equilibrada, sencilla. Es mi gran compañera, mi vida entera. Me siento muy afortunado de tenerla a mi lado apoyándome en todas mis aventuras, incondicional y cómplice, fiel a nuestro compromiso de amarnos y respetarnos siempre.

Cuando vio que abrí los ojos me dio un beso lleno de amor y me dijo al oído: "No fue necesario quitarte la pierna, Juan, sigues enterito. Así es que ahora, a echarle todos los kilos para salir adelante. Te hacen falta varias operaciones —suspiró con amargura—, hay que ponerte un clavo en la rodilla y volver a armar el hueso de tu pierna, que se rompió en varios pedazos; también hay que arreglarte la cadera y esperar que tus hombros rotos se fortalezcan. El proceso va a ser lento, pero quedarás muy bien, estoy segura de que saldremos de esta juntos, como siempre".

Los ojos se me llenaron de lágrimas y le contesté: "Por supuesto que así será, Mary. No te voy a defraudar". Se lo dije con gran confianza, pues si Dios me había dado una nueva oportunidad de vivir, por algo sería, y de eso estaba seguro.

Entonces me solté llorando como un niño, sin lograr detenerme. Sentía una gran alegría por estar vivo, una enorme felicidad por tener a Mary y a Sofi, pero a la vez una terrible tristeza y una angustia indescriptibles. Con semejante mezcla de sentimientos seguí llorando por un largo rato.

Los días empezaron a transcurrir con una lentitud irritante. Ahí estaba yo, encerrado en un hospital, recuperándome muy poco a poquito, lo cual causaba verdaderos estragos en mi estado de ánimo: me sentía deprimido, débil, impotente, angustiado. Mi paciencia se agotaba mientras esperaba que programaran el día de la operación para que me colocaran el famoso clavo en la rodilla, el cual ya teníamos gracias a que me lo regaló mi cliente y amigo que me apoyó el día del accidente. Más bien diría que es mi ángel de la guarda. No me canso de dar gracias a Dios por haberlo puesto en mi camino. Si no hubiera sido por su generosidad, de dónde hubiera yo sacado 25 mil pesos para comprar el clavo que me salvaría la pierna. Imposible, no los tenía; es más, nunca en mi vida había visto todo ese dinero junto, hasta entonces.

Yo vivo modestamente de mi trabajo, y ahora caigo en la cuenta de que desde el día en que conocí a mi amigo he recibido cosas buenas de su parte, como apoyo y consejos que me ayudan a progresar y a apreciar lo positivo de las personas que se cruzan en mi vida. De verdad no hay nada mejor que valorar lo que nos llega a través de gente de quien jamás lo esperaríamos, pues no son nuestra familia. Recibimos mucho de los demás y muy pocas veces lo apreciamos; esperamos tanto de nuestros familiares y amigos cercanos y pocas veces lo recibimos, ¿será que nos formamos tantas expectativas, confiamos, soñamos y añoramos tanto, que finalmente nos frustramos? Supongo que sí, pues al esperar tanto difícilmente nos llega, y entonces caemos en la frustración, e incluso la desilusión. Todo esto me ha enseñado que ninguna espera vale la pena.

    Es increíble cómo todas estas ideas y reflexiones invaden mi mente; me cuesta mucho aterrizarlas. Bueno, todas estas experiencias me han servido para valorar más a las personas que se cruzan en mi vida, y he llegado a comprender que ninguna es pequeña ni grande: simplemente son quienes son y de mí depende aceptarlas o no. Es cuestión de enfoques, como diría algún famoso de la tele. Pero sin duda tiene razón, pues ahora que vivo esta situación me queda mucho más claro que antes; ahora entiendo lo que es estar abierto a todas las posibilidades que la vida me ofrezca y que había perdido de vista. Qué miopía la mía. Mi visión era tan pequeña, hasta que me cayó el veinte de que no hay personas de mayor o menor importancia, sino simplemente las hay que están o no dispuestas a hacer algo por ti, aun sin pedirlo. Esto me ha llevado a hacer un compromiso conmigo mismo: ser mejor persona de la que he sido y dar lo mejor de mí sin esperar nada a cambio. En verdad hay tantas cosas buenas que puedo dar, desde un consejo, una sonrisa, una palabra de aliento, una caricia, una moneda, hasta un poco de tiempo.

Por lo menos he podido entenderlo ahora. No sé si estoy a tiempo o no. Lo importante es que lo sé y estoy dispuesto a cambiar, a encontrarle un nuevo sentido a mi vida, y también a ayudar a quienes me rodean a encontrar el sentido de las suyas. Cuánto aprendizaje después de tanto tiempo desperdiciado, tantas lágrimas, tanta angustia, tanta tristeza, tanto desamor, tanta ingratitud, tanta agonía. Si tan solo ese veinte me hubiera caído antes. Si me hubiera detenido a pensar, a sentir, a reflexionar, a amar, a ser. Qué desperdicio. Si pudiera retroceder el tiempo; pero eso es imposible.

Lo que sí se puede es abrir los ojos y ubicar: aprender de todas las cosas que no hicimos pero que podemos cambiar en el momento que lo decidamos. Esta es la grandeza que nos da la experiencia, especialmente cuando nos pone en situaciones límite como las que yo he vivido. Han sido tantas.

Y lo que me ha sucedido hasta ahora ha sido consecuencia de mis actos, los cuales seguramente hubiera podido evitar. Y es aquí cuando llegan los famosos *si hubiera*, pues si tan solo hubiera puesto atención a todas las posibilidades que se abrían a mi alrededor, las cosas habrían sido distintas. Cuánta añoranza. Y cuánta verdad encuentro ahora en estas reflexiones, en mis recuerdos. Si yo *hubiera*. Si lo *hubiera* intentado, si *hubiera* escuchado a mi corazón, a mi razón, a mi ser.

Seguramente no estaría contándoles esta historia, pues mi vida podría haber sido muy, pero muy distinta. Estoy que me lleva la fregada y muy triste, ya que me cuesta trabajo enfrentarme a todo eso en lo que he convertido mi existencia. Así es, esta maravillosa existencia que me regaló Dios, el universo, la creación.

No crean que ha sido fácil. Me pregunto una y mil veces, ¿para dónde voy? ¿Qué sigue? ¿Y ahora qué hago conmigo? Quisiera tener una bola de cristal para saber cómo salgo de esta, así como una varita mágica que me ponga bien sanito y acabar por fin con esta pesadilla. ¿Cuánto tiempo necesito para recuperarme? Esa es la pregunta del millón que me da vueltas en la cabezota todo el tiempo. En fin, a apechugar y a chingarle para recuperarme lo antes posible.

5

De niño fui más bien introvertido, tímido y callado; me dedicaba a mi familia y evitaba tener amigos, supongo que por miedo a que se fueran y me dejaran solo y triste. Así viví toda la primaria. Recuerdo que a la hora del recreo me quedaba sentado en un rincón, observando a los demás niños, imaginándome cuáles serían sus historias, preguntándome si alguno de ellos habría vivido la tristeza de perder a dos hermanos.

Me esforzaba por sonreír y por aprender todo lo que me enseñaban en la escuela. Me encantaban las matemáticas, historia y geografía; me gustaba imaginar cómo sería la gente en otros países, cuáles eran sus gustos y costumbres, qué se sentiría viajar en avión, visitar otras tierras, hablar otros idiomas, comer su comida, en fin.

Ahora me causa gracia acordarme, pero entonces era mi gran pasatiempo.

Había periodos en que no asistía a la escuela porque mis compañeros me preguntaban por mi hermana y las maestras me comparaban con los otros niños, como si yo fuera distinto. Recuerdo especialmente un día, cuando tenía diez años. Iba en cuarto de primaria y la maestra dijo en clase que era una lástima que se hubieran muerto dos de mis hermanos, pero que seguramente Dios estaba castigando a mis padres por no ser buenas personas. Yo me levanté y le dije que estaba loca, que la única mala persona era ella por decirme semejantes cosas. Me aventó un borrador a la cabeza y me llevó a la Dirección para que me expulsaran por faltarle al respeto. La directora no me escuchó a mí, solo a ella, así que llamó a mi mamá para que fuera a recogerme. Cuando llegó, la directora le dijo que yo había insultado a la maestra, y cuando mi mamá me preguntó si era cierto, yo le conté cómo había sucedido todo. La directora se quedó totalmente consternada y de inmediato empezó a disculparse con los dos. Mi mamá le dijo que debió escuchar mi versión de los hechos, y que quería que la maestra se disculpara conmigo delante de toda la clase. Así que fuimos al salón y la directora se lo pidió directamente; la maestra se negó a disculparse, por lo que mi madre le dio tremenda cachetada, a la vez que le advertía que era la última vez que se metía conmigo y con mi familia. Jamás volvió a molestarme.

Mi historia cambió cuando entré a la secundaria: no sé ni cómo fue, pero de ser aquel niño retraído me transformé como por arte de magia en un chavo hiperactivo. Entré al equipo de futbol de mi salón, y por las tardes empecé también a jugar en la calle con los chavos de la cuadra. Gracias a mi velocidad y a mi toque del balón comencé a destacar, y pronto me convertí en un goleador y me volví muy popular. Como me invitaban a jugar todo el tiempo, me iba puliendo y mejoraba cada día. ¿Se imaginan lo que esto significó para mí? De repente me vi rodeado de amigos, risas, diversión y alegría. Además de que me siguió encantando el estudio: todas las materias me gustaban, en especial las matemáticas, que la mayoría de mis amigos alucinaban. Me convertí en un chavo muy buena onda, estudioso y deportista, ¿qué más podía pedirle a la vida?

Así que mi adolescencia fue de las mejores etapas de mi vida. Qué época tan increíble. Con solo recordarla me lleno de entusiasmo: la escuela, el futbol, los amigos…

Pero no me duró mucho la alegría, pues de repente empecé a tener problemas de salud. Me sentía débil, fatigado y con mucho sueño, aunque con periodos de insomnio. Eso no era nada agradable; en realidad, era muy preocupante por los antecedentes de mi familia, así que mis padres me llevaron de volada al médico, que me mandó cualquier cantidad de análisis, hasta que encontraron lo que andaba mal: mi tiroides no trabajaba al cien por ciento y tenía congestionadas las vías respiratorias, lo cual me provocaba esa fatiga tan terrible. Y para acabarla de joder detectaron que mi hígado no metabolizaba normalmente. Qué golpe tan fuerte para todos a mi alrededor. Yo, que me había convertido en súper Juan, aplicado, disciplinado, buen deportista y excelente amigo, todo un ejemplo a seguir, ahora estaba enfermo y sometido a tratamientos muy fuertes para curarme de todo eso.

Pero, ¿por qué? Maldita sea. ¿Por qué me perjudicaban en la mejor etapa de mi vida? ¿Acaso no había sufrido ya suficiente? Carajo, en verdad que no lo podía creer. Pero mi familia me hizo entrar en razón: tenía que ponerme las pilas para salir adelante y superar ese nuevo obstáculo. Era la única manera; así que muy a mi pesar tuve que obedecer a los médicos, cuidarme, portarme bien, tomar las medicinas. Y no lo hice tanto por mí, pues no creía estar tan mal (cuando eres adolescente te sientes Supermán); lo hice por mis padres, que estaban muy afligidos: ya habían perdido dos hijos. Sencillamente no podía fallarles ni mucho menos dejarlos, así que me repetía constantemente: "Mis papás ya no se merecen otro golpe así, tengo que salir adelante por ellos, tienen que verme crecer y cumplir mis sueños".

Transcurrió un año cuando finalmente logré dejar atrás todo eso y volví a ser el chavo de antes, normal y lleno de vida. Les parecerá increíble, pero el estar enfermo me enseñó a quererme, cuidarme y respetarme, aunque fuera un poco.

Así llegué al final de la secundaria. Recuerdo tanto el día de mi graduación. Cuando recibí mi diploma con mención honorífica, mis papás y mi hermano me miraban llenos de orgullo. Imagínense cómo me sentía. Cuánta felicidad.

Fui el primero de la familia en terminar secundaria. La mayoría a duras penas había terminado primaria, así que como era su costumbre, mi querida abuela preparó su famosa y rica barbacoa para festejarlo; invitó a todos sus amigos y amigas del baile; a vecinos; a todos nuestros parientes. Eso parecía una kermés.

Después de comer se organizó el bailongo con la banda de mi tío, que no dejó de tocar hasta que amaneció. Todos estaban orgullosos de mi logro y yo me sentía como pavorreal. Fue entonces que me prometí seguir estudiando, ya que era el ejemplo de mi hermano y el orgullo de mi familia.

Hasta ese momento la vida me sonreía; me la quería comer a puños. Todo era posible para mí. Se me olvidaron tantos meses de tratamientos y lo mal que me había sentido.

Pero eso era parte de mi pasado y no quería recordarlo nunca más.

6

Después entré a la prepa y seguí igual de aplicado, echándole los kilos tanto a la escuela como al deporte. Valoraba mucho a mi familia, respetaba a mis padres y procuraba a mi hermano. Tenía muy claro que debía dirigirme con decisión hacia mis sueños, pues a pesar de mi juventud ya la vida me había enseñado que no hay tiempo para titubear o para detenerse a pensar, no sabemos cuánto nos queda. Esa famosa frase de disfruta cada día como si fuera el último, se convirtió en mi lema desde entonces.

Pero perseguir sueños puede resultar sencillo cuando se cuenta con la salud y los recursos necesarios; a mí me tocó partirme la madre en serio para salir adelante, pues tuve que estudiar, trabajar y esforzarme como loco.

Fue en el primer año de prepa cuando mi primera ambición, la que me daría mis mayores satisfacciones, empezó a darme vueltas en la cabeza hasta el borde de la obsesión. Gracias al futbol me mantenía fuerte y delgado, de manera que me empecé a preocupar por mis músculos, a esforzarme por marcarlos cada vez más. Quería tener un físico envidiable, un cuerpo musculoso e impresionante, como los que se veían en las portadas de las revistas de fisicoculturismo. Esa fue la meta que me marqué: quería ser fisicoculturista.

Una vez que ya tenía el qué, tenía que pasar forzosamente al cómo. ¿Cómo demonios le iba a hacer si no tenía dinero para ir a un gimnasio? A mis padres apenas les alcanzaba para mantenernos; yo tenía que trabajar vendiendo chucherías por aquí y por allá para poder comprarme los libros que necesitaba, y quizá unos tenis nuevos muy de vez en cuando.

Pero yo tenía un sueño, y tenía claro que los triunfadores siempre encontraban la manera de conquistarlos, así que me compré algunas revistas que estudié con mucha atención para armar mis rutinas. Acudí a algunos amigos para fabricar un par de mancuernas y una barra de pesas con latas y cemento. Una vez que tuve mi equipo, inicié mi entrenamiento de manera autodidacta.

Mi casa estaba más o menos cerca del exconvento de Churubusco, en Coyoacán, que a su costado tiene un parque muy padre, adonde me iba a entrenar yo solito, como Dios me daba a entender. Me lanzaba diariamente después de la escuela y le pegaba a mi rutina de ejercicios mínimo una hora. Qué bien me sentía. No podía dedicarle más tiempo porque tenía que hacer la tarea, ayudar en casa, y además estaba empezando a hacer unas chambas de electricidad con las que sacaba una lanita para ayudar a mis papás, y algo me quedaba a mí. Qué bueno que mis padres nos enseñaron a trabajar para salir adelante, lo cual les agradezco mucho, pues eso forjó mi carácter desde muy joven.

Después de algunas semanas noté con mucho beneplácito cómo los músculos de mis brazos, pecho y abdomen se empezaban a marcar, además de que empezaba a ganar volumen, ¡qué chido! Cada vez estaba más fuerte. Estaba avanzando hacia mi sueño, podía sentirlo cada vez más cerca.

Luego me llegó un golpe de suerte: un vecino y buen amigo me ofreció trabajo en un videoclub cerca de mi casa, solo durante los fines de semana. Qué buen paro. Con eso saqué para entrar a un pequeño gimnasio y entrenar sin descuidar mis estudios ni mis responsabilidades en casa.

Ahora disponía de un poco más de tiempo para entrenar. Me lanzaba al gimnasio después de terminar todas mis obligaciones del día y le pegaba con todo, de dos a tres horas diarias, más lo que me quedaba de tiempo libre durante los fines. Como no tenía entrenador, continuaba con las rutinas que había sacado de las revistas, y las enriquecía con lo que observaba, según me latía para mi propio desarrollo. Por supuesto que mi gran pasión por ejercitarme empezó a llamar la atención en el gimnasio, principalmente del dueño, quien me hacía la plática cada vez más seguido, y un día me dijo que iba a ir a un concurso de fisicoculturismo con un amigo, quien no iba a poder acompañarlo por un contratiempo, que si lo hacía yo. "¿Que si quiero ir? Por supuesto que te acompaño", le respondí casi gritando de la emoción.

Cuando llegamos al lugar del concurso me sentí auténticamente como un escuincle en una juguetería: sentía que el corazón se me salía del pecho de lo fuerte que latía; mi garganta era un nudo; miles de mariposas revoloteaban en mi panza; estaba tan emocionado. Y no era para menos. Ver a todos esos fisicoculturistas con esos magníficos músculos brillantes fue la mejor experiencia que había tenido hasta entonces. No puedo explicarles cuánto lo disfruté. Ese día me quedó perfectamente claro cuál era mi meta en la vida: yo iba a tener esos increíbles músculos, iba a competir en esos certámenes, y sobre todo, me convertiría en campeón de ese deporte tan maravilloso.

A partir de ese día mi vida cambió. Mi nuevo amigo, el dueño del gimnasio, se ofreció a apoyar mi sueño, así que me armó la rutina que necesitaba y me dio una dieta especial para aumentar el volumen de mis músculos, y entonces sí que empecé a echarle todos los kilos, pero de verdad que todos. Me la rifé como nunca lo había hecho para conseguir lo que quería. Todos los días, después de la escuela, llegaba a comer a casa, me esforzaba por hacer mi tarea de volada, y al gimnasio, donde entrenaba a morir, alrededor de cuatro horas diarias, y los fines igual, tan pronto salía de la chamba, a jalar al gimnasio. No podía pensar en hacer otra cosa.

Esa rutina se prolongó durante varios meses, que viví lleno de adrenalina, con el entusiasmo indescriptible de ir viendo cómo se desarrollaban mis músculos, creciendo, torneándose. Mi cuerpo se transformaba justo como yo lo deseaba; todo dependía de mí. Qué alegría y orgullo ver el fruto de mis esfuerzos denodados. Si pudiera describirlo, sería como cuando sientes que se te sale el corazón del cuerpo y que todo a tu alrededor gira a tu favor, que las cosas no pueden estar mejor y que tú eres el creador de lo que está pasando en tu vida; fue como tocar el cielo con los dedos de mis manos y conocer a Dios. Estaba haciendo lo que más amo en la vida y esa es la sensación más increíble. Solo recordarlo me pone invariablemente de buen humor.

Qué buenos tiempos aquellos. Andaba de excelente humor, mi sueño estaba cada vez más cerca; mi familia me apoyaba en todas mis aventuras. ¿Se le podía pedir algo más a la vida? Definitivamente no.

7

En 1990 terminé la prepa e ingresé a la Universidad Nacional Autónoma de México (UNAM) para estudiar la carrera de ingeniería electrónica, ya que además del fisicoculturismo me apasiona todo lo que tenga que ver con la electricidad. Es una especie de talento natural con el que nací, pues desde chavito arreglaba los electrodomésticos y demás chucherías de mi casa, sin que nadie me hubiera enseñado.

Mi ingreso a la universidad marcó otro cambio importante en mi vida. Para empezar, como nos sucede a la mayoría de las personas en mi querido país, iba a tener que trabajar tiempo completo además de estudiar, lo cual reduciría considerablemente el tiempo que podría dedicar a entrenar. Entonces tuve una larga plática, muy sincera y conmovedora, con mis padres acerca de mi futuro. Ellos fueron muy claros conmigo: "Te apoyamos en todo lo que quieras hacer con tu vida, Juan, siempre y cuando termines una carrera profesional, pues es la única herencia que podemos dejarte".

Reflexioné mucho tiempo al respecto, y finalmente vi que tenían razón, así que con todo el dolor de mi corazón tomé la difícil decisión de hacer a un lado por un tiempo mi gran sueño, y dedicarme en cuerpo y alma al estudio y el trabajo.

Pero bueno, ya saben que la vida te da sorpresas cuando menos te lo esperas, y a mí me tenía una excelente. Al día siguiente me lancé al gimnasio como siempre, pero ahora con la intención de darme de baja. Al llegar me encontré con mi amigo Toño, el dueño, quien antes de que yo lo saludara siquiera me dio un notición: el entrenador acababa de renunciar y me ofreció su puesto, ¿se pueden imaginar semejante suerte? La fortuna me sonreía de nuevo. Es increíble cómo se abren las puertas cuando algo es para ti y vas en el camino correcto. Parecía un auténtico milagro. Mi trabajo de tiempo completo sería en el gimnasio, donde además de trabajar me seguiría entrenando para alcanzar mi sueño de convertirme en *Mr. México*.

Desde el primer día en mi nuevo empleo estuve muy atento a las indicaciones de Toño, quien había sido *Mr. México* en un par de ocasiones. Aprendí de volada (el interés tiene pies), y poco a poco me fui ganando la confianza de los clientes, lo que no fue fácil pues yo estaba muy chavo y eso produce desconfianza al principio, además de que es difícil que te vean con respeto. Pero me esforcé el doble, como estaba acostumbrado.

Como siempre, mi tiempo estaba totalmente saturado: de lunes a viernes estudiaba en la universidad, y en el gimnasio cumplía con mis obligaciones de entrenador, para luego dedicar un par de horas a mi entrenamiento personal, y los fines de semana me capacitaba en cursos de entrenador personal y acondicionamiento físico. Así se me fueron dos años, como en un parpadeo.

Un buen día Toño, quien se había convertido en mi entrenador personal y trabajaba conmigo intensamente los fines de semana, me convenció para que me preparara y compitiera en el evento de *Mr. México* 1993. Ahora sí iba en serio. Tenía un año para alcanzar esa meta que me tenía más que motivado. No podía dejar de imaginarme como el nuevo campeón: la sola idea me dejaba sin aliento.

Como si no entrenara lo suficientemente fuerte, dupliqué mis esfuerzos para alcanzar el nivel necesario de la competencia. Y claro que no tardaron en aparecer las aves de mal agüero, esas personas que uno ni conoce bien, o tal vez sí, y cuando te ven luchando por alcanzar un sueño de ese tamaño empiezan con que estás loco, que son sueños guajiros que están fuera de tu alcance. Parece mentira que hasta con esos obstáculos se topa uno cuando se atreve a soñar en grande. Claro que algunas críticas me llegaron a hacer dudar de mi capacidad, pero afortunadamente mi carácter es fuerte y mi tenacidad aún más, por lo que al final hice caso omiso. Me sentía ya en el concurso, con la emoción de los aplausos, triunfando. Así que me repetía a mí mismo: "Este es tu momento, Juan, no escuches *consejos* de personas que no tienen la menor idea de lo que quieres", y me dio resultado: oídos sordos, sueños realizados.

Díganme si no es cierto eso de que la gente habla por hablar. Me tiene sorprendido este tema, hablan sobre tal o cual cosa sin ningún argumento sólido y mucho menos con base en una experiencia propia, todo en nombre de la buena fe y de querer ayudar, sin darse cuenta de que la mayoría de las veces te perjudican. Ojalá aprendieran a quedarse callados y a escuchar lo que quieres, y si les preguntas qué opinan, pues entonces sí, que se arranquen con sus comentarios.

Yo hacía lo mismo; me ponía a opinar sin que fuera mi asunto; a veces no tenía idea del tema, pero lo hacía por hacerme el muy conocedor y valedor. Incluso hasta inventaba con tal de no quedarme callado y daba unas regadas que no quiero acordarme. Hasta que un buen día aprendí la lección y santo remedio; ahora me quedo bien calladito cuando alguien me cuenta algo, y solo si me piden mi opinión la doy, si no, escucho atentamente y nada más.

Cómo madura uno con los años; qué bueno que sirven de algo.

8

El año de preparación para el certamen se me pasó rapidísimo, y cuando me di cuenta ya había llegado el día tan esperado y soñado por mí. Nada más de recordar ese momento vuelvo a experimentar los nervios y la carne se me pone de gallina (no, más bien de gallo); incluso, vuelvo a sentir el hueco en el estómago y el nudo en la garganta. Ya se imaginarán que la noche anterior no pude dormir, nomás me la pasé dando vueltas y vueltas en la cama, con un torbellino de imágenes e ideas invadiendo mi mente, con miedo, inseguridad, angustia, entusiasmo, en fin, un auténtico coctel de emociones.

Y en el trayecto no me fue mejor, pues las dudas me empezaron a asaltar: ¿sería capaz de terminar la competencia?, ¿qué sucedería si no conseguía el título?, ¿y si hacía el ridículo? No, no y no, eso era imposible. Pero todos esos pensamientos me provocaban dolor de cabeza. Tenía la boca seca. ¿Qué pasaría después? ¿Cómo me sentiría?

Finalmente llegué al gimnasio donde se llevaba a cabo la competencia, y al caminar hacia la entrada me sentí tan chiquito y tan grande a la vez. Ahí estaba yo, orgulloso, bien preparado y con toda la garra, listo para demostrarme y demostrarle al mundo que yo merecía ser el nuevo *Mr. México*.

Pero primero les tengo que platicar que dos días antes de la competencia conocí a una chava bien guapa, encantadora y buenísima. Nada que ver con las otras que había conocido antes. De plano me flechó. Estuvimos platicando horas, que se me pasaron en un parpadeo. Le conté mi gran sueño con todo detalle; me abrí con ella como nunca antes lo había hecho con otra persona, pues me inspiró mucha confianza. Ella me escuchaba con toda atención, interesada en todo lo que le contaba, sin interrumpirme, y cuando ella hablaba, yo igual, encontraba interesantísimo todo lo que decía. Impresionante. Yo quería saber todo sobre ella, quién era, qué soñaba, cómo pensaba. Y además sentía que era recíproco, lo podía ver en su mirada. Estaba cautivado.

Y cuál sería mi sorpresa cuando al subir al escenario me encontré con su mirada entre los espectadores. No lo podía creer, pues aunque por supuesto le conté de la competencia, no quedamos en nada ya que faltaban solo dos días, y ahí estaba. Su presencia me inflamó el corazón, ¿se imaginan? La chava que más me gustaba estaba ahí para apoyarme. Mi emoción aumentó con eso. Olvidé por completo mis miedos y temores, además de que mi motivación se fue al infinito: el triunfo era mío. Ya podía sentir la victoria. Y no era la única persona especial en el público, también estaba mi madre.

Por fin dio inicio el certamen. Pasé perfectamente la tres primeras etapas, y cuando subí nuevamente al escenario para mi última sesión de rutina libre, volteé a ver a esas dos mujeres tan especiales en mi vida, y con la mirada les dediqué mi triunfo, pues ya no albergaba ninguna duda: yo ganaba porque ganaba.

La competencia no era ninguna papita, pues sinceramente mis oponentes también estaban en óptimas condiciones físicas y se podía sentir su disposición a ganar, lo cual iba dificultando cada etapa, aunque eso también me fortalecía. Mi entusiasmo no decayó nunca, sino por el contrario, me sentía cada vez más seguro, y así pasó el tiempo.

Mi agotamiento físico y mental se empezaba a notar; las manos y las piernas me temblaban, mis músculos estaban ardiendo, el sudor me corría de la cabeza a los pies. Fue, sin duda, el esfuerzo más grande que había hecho en mi vida. Todo estaba en mí; todo dependía de mi entereza, de mi fortaleza y de mi espíritu de lucha.

La competencia llegó a su etapa final y solamente quedábamos cinco competidores, todos dispuestos a ser el mejor. Aparecieron entonces los jueces para dar su veredicto final. Ese momento lo recuerdo tan claramente como si hubiera sido ayer: los cinco estábamos agotados, nerviosos y ansiosos, pendientes de los jueces, suplicando que se apuraran y dejaran de hacernos sufrir así.

"Les presentamos al ganador indiscutible, al nuevo *Mr. México* 1993, Juan Ramírez".

¿Qué? ¿Quién? ¿Yo? ¿De verdad habían dicho mi nombre? Se apoderó de mí una sensación más fuerte de lo que jamás había experimentado. El estruendo de los aplausos y los vítores enmarcaban mi triunfo, qué alegría tan inmensa. Yo era el campeón absoluto. Una oleada de adrenalina me recorrió y desapareció el cansancio, y tuve la energía para empezar a brincar y levantar los brazos en señal de triunfo; estaba extasiado.

Me encanta contarlo y recordarlo, me hace revivir esa felicidad: mi primer sueño hecho realidad. Y todo gracias a mi esfuerzo y tenacidad, a mi perseverancia. A mis veintitrés años era el flamante y musculoso *Mr. México*, uno de los logros más grandes que puede tener un fisicoculturista.

Cuando me entregaron el trofeo lo recibí con los ojos llenos de lágrimas de felicidad, con esa satisfacción que da la victoria. Cada vez que lo veo me siento nuevamente ahí, y el orgullo no cabe en mi pecho. A lo mejor les sueno presumido, pero de verdad que no es mi intención, solo quiero transmitirles la satisfacción tan inmensa que da alcanzar cada uno de nuestros sueños. Ese día me prometí que me esforzaría igual por todos mis sueños, que trabajaría duro por cada uno de ellos con la convicción de que me los merezco.

Recuerdo que mi madre subió al escenario muy emocionada, llorando de felicidad. Me abrazó bien fuerte y me dijo: "Lo sabía, ese es mi hijo, siempre supe que ganarías, qué orgullosa estoy de ti, eres un campeón, eres lo que más amo en el mundo. Gracias Juan, muchas gracias por darme esta alegría y por ser un hijo tan bueno, tan entregado, que nos ha demostrado que los sueños pueden cumplirse cuando trabajas para lograrlos. Qué gran lección, *m'ijo*. Tu esfuerzo se ve reflejado en este trofeo que te mereces tanto. Qué orgullosos se han de sentir desde el cielo tus hermanos Ángel y Vicky. Tu padre se va a sentir muy satisfecho también, ya verás la felicidad que tendrá ahora que lleguemos a la casa. Gracias mi Juan por ser mi hijo". Las lágrimas no dejaban de bañar mi rostro, y se juntaban con las de mi madre mientras me decía aquellas hermosas palabras de aliento. Qué bendición tener una madre como la mía.

Cuando mi mamá se apartó, me volví para encontrarme nada menos que con Sonia, la chava encantadora que les conté. Una gran sonrisa iluminó mi rostro y ella me envolvió en un fuerte abrazo. Me dijo que estaba segura de que ganaría, que había sido el mejor, que estaba orgullosa de mí y que se moría de ganas de conocerme más. Qué sincera y aventada. Ahora me gustaba todavía más, así que no perdí el tiempo y la invité a celebrar conmigo. Sobra decir que ese mismo día nos hicimos novios.

Nos fuimos a mi casa donde toda la familia me estaba esperando para festejar. Mi mamá se encargó de hablarle a la abuela, y la noticia corrió como pólvora; casi todos querían tocar mis músculos, sacarse fotos con el trofeo y conmigo, por supuesto.

A Sonia le encantó mi familia y ellos la recibieron de *marabas*. Yo me sentía como flotando en nubes de colores. Tardó varias horas en bajarme la adrenalina, y fue entonces cuando sentí el cansancio. Cómo no, después de tanta tensión, entrenamiento y nervios, de repente los párpados empezaron a cerrarse, mi cuerpo a debilitarse y me quedé dormido en el sillón. Eso sí, bien acurrucadito en el hombro de Sonia.

Caí como tabla; con decirles que me dejaron ahí toda lo noche pues no podían despertarme y menos llevarme a mi cama. No me di cuenta de a qué hora acabó el festejo ni cuándo se fue mi novia. Cuando desperté al día siguiente en el sillón me llevé un susto tremendo, pues no recordaba nada, y eso que no bebo nada de alcohol. Fui a la cocina donde estaba mi mamá haciendo unos ricos chilaquiles verdes y le pregunté qué ondón con el pachangón. Me contó hasta el último detalle de mi festejo, y que mi tío llevó a Sonia a su casa como a la hora de que me quedé dormido.

Lo mejor del asunto fue que todo siguió fluyendo con mi nueva relación amorosa.

9

Sonia y yo nos acoplamos muy bien. Nuestro amor crecía cada día más, junto con la pasión y el respeto que había entre nosotros. Siempre nos apoyábamos en todo. Por cierto, la conocí porque la asignaron a mi salón, pues también estudiaba ingeniería electrónica. Era una de las tres únicas mujeres de nuestro grupo, pues en esa época se consideraba que era una carrera masculina y no se veía muy bien que una mujer la cursara. Pero ella era buena como nadie, estudiaba y se esforzaba el doble para que los maestros la aceptaran, y finalmente fue la única que se recibió de las tres, hasta con mención honorífica.

Unos cuantos meses después decidimos vivir juntos. Como los dos trabajábamos y estudiábamos, al principio nos costó trabajo organizarnos con las tareas de la casa debido a lo reducido de nuestro tiempo libre, pero el amor que nos teníamos era tan sólido que pronto nos dividimos el quehacer. Qué fácil es cuando ambos están dispuestos a ceder.

Así continuó nuestra historia de amor, como de película. Llevábamos ya dos años así cuando Sonia me sorprendió con una gran noticia: estábamos esperando un hijo. Fue maravilloso enterarme de eso: un hijo. Qué maravilla. No pude evitar ponerme a llorar como Magdalena (de vez en cuando se vale). Un hijo era lo que yo más deseaba en mi vida, en nuestra vida.

El embarazo fue maravilloso. Sonia se veía preciosa con su panzota, los ojos le brillaban, el cabello le lucía sedoso. Todas las noches le poníamos música al bebé y le hablábamos; no sé si nos entendía o no, pero cada vez que me escuchaba se movía, y no saben cómo me emocionaba eso. Pasaron los meses y llegó el feliz día en que nació Dante. Yo entré al parto para ayudar, pero resultó que fue a mí a quien ayudaron, pues en el momento en que vi salir la cabeza de mi hijo, todo me empezó a dar vueltas y, al suelo. Cuando volví en mí el médico ya tenía a mi hijo en los brazos. Qué emoción fue verlo, tocarlo, cargarlo, darme cuenta de que estaba sano, lleno de vida. Literalmente vi a Dios a través de esa criatura tan perfecta, tan chiquita, tan mía; sin duda, fue el momento más emotivo de mi vida.

Mi vida parecía marchar de maravilla, pero desgraciadamente no todo era miel sobre hojuelas. Durante el primer año de la vida de Dante, las cosas se empezaron a complicar mucho. Ahora la familia había crecido y se necesitaban mayores ingresos, por lo que Sonia me empezó a insistir en que trabajara como ingeniero electrónico y dejara mi carrera de fisicoculturista, la cual no me daba mucho dinero que digamos. Así que lo intenté; me exprimía el coco pensando en qué sería lo que más convenía a mi nueva familia, incluso me puse a buscar un empleo, aunque no me late eso de ponerme traje, el rollo de la corbata, tener un horario, de verdad que no es lo mío. Me gusta la electrónica, pero a mi estilo, y lo que realmente amo es ser entrenador.

Así que no logré aumentar mis ingresos, y por supuesto mi relación con Sonia se empezó a deteriorar. Cada día había más broncas; nos peleábamos por todo; el sexo empezó a faltar. En fin, se acabó el amor y nuestro hogar se convirtió en zona de guerra, por lo que decidimos separarnos.

Dante tenía quince meses cuando Sonia se lo llevó. Decidió regresar a Guerrero, donde vive su familia. Al principio quedamos en buenos términos, y yo me lanzaba de vez en cuando a visitar a mi hijo, pero ella fue cambiando y me la fue poniendo más difícil, dándome mil excusas para evitar que fuera. Me fue alejando cada vez más, hasta que se me perdió y no pude ver más a Dante. Han pasado muchos años desde entonces; hoy ya es un hombre y no lo conozco.

A lo mejor me faltó luchar más por mi hijo, pero este es uno de los *hubiera* que no sucedieron. Es que a veces el orgullo es tan grande que da paso a los malentendidos, las excusas incómodas, el no perdonarse. Y la única verdad es que hasta ahora no he movido un dedo para arreglar esa situación, pues no lo he buscado, quizá por temor a que me rechace. Un hijo no perdona ni olvida fácilmente tantos años de abandono. Pero créanme que me encantaría saber de él, reencontrarlo, conocerlo, contarle que pienso todos los días en él, que lo incluyo en mis oraciones y que lo amo con toda el alma.

No tienen una idea de cómo me cuesta aceptar esta situación. Me he sentido el más culpable; me he enfurecido conmigo y con ella; me he atormentado terriblemente, y me lamento día con día, pues un hijo no se puede dejar así como así. Finalmente, he aprendido a reconocer que todo lo que ha pasado no ha sido bueno y se ha convertido en un poderoso imán que me ha traído muy malos ratos; he tomado conciencia de ello y veo que todo lo que he decidido, hecho, sentido y dicho ha traído consecuencias en mi vida.

Ahora me doy cuenta de que deseo vivir mi vida inteligentemente, ya que mis malas decisiones y mi falso orgullo me han llevado a experiencias muy desagradables. Hoy comprendo que en lugar de reprocharme o de reprocharle a alguien más, simplemente debo aprender a aceptar que he sido yo quien ha elegido tal o cual situación, aunque la mayoría de las veces lo haya hecho inconscientemente. Por fin he dejado de lamentarme y tengo la firme convicción de reconstruir mi vida para convertirme en una mejor persona.

He empezado a hacerlo cambiando mi actitud ante la vida. Me esfuerzo todos días por ser valiente y enfrentarme a mis pensamientos y sentimientos; a no estar distraído con mi vida; a disfrutar realmente todo lo que existe a mi alrededor; a encontrarle un nuevo sentido a todo; a ver lo positivo de cada situación, aunque a veces me cueste trabajo hacerlo. Ahora me tengo paciencia, ya no me critico todo el tiempo. He empezado a amarme tal como soy, sin compararme, sin pretender ser alguien más. Hoy en día me consiento, tengo detalles conmigo, me cuido, y lo más bonito de todo es que esto me hace amar y respetar más a mi familia, conformada por mi esposa, Mary, y mi hija, Sofía, a quienes ya conocen.

Cuando perdí a Sonia y a Dante me sentí triste y abandonado, aunque por fortuna en todo momento conté con el apoyo de mi mamá, mi papá y mi hermano, que siempre han estado a mi lado, brindándome su amor y apoyo para salir adelante en situaciones como esa, tan duras en mi vida.

Gracias a Dios el tiempo pasa y las heridas van cerrándose poco a poco.

10

A finales de 1995, año de la partida de Sonia y Dante, empecé a tener molestias en la región abdominal (como si no me hubiera ido ya suficientemente mal), lo que fue empeorando hasta que fui a dar al hospital. Después de varios estudios y análisis encontraron la causa: inflamación del hígado. Los médicos se alarmaron mucho y me sometieron a un severo tratamiento. Me hicieron mil preguntas sobre mi alimentación y especialmente sobre medicinas y drogas. Yo les mentí cobardemente: no les confesé que me estaba metiendo cualquier cantidad de esteroides con la intención de conquistar nuevamente el título de *Mr. México* en 1996.

Finalmente me curaron y salí del hospital, pero: ¿entendí?, ¿aprendí la lección? Ni madres.

Volví a mi vida normal, con un entrenamiento excesivo y, claro, los esteroides, pues todos los estaban usando y no me podía arriesgar a perder. Los dolores no tardaron en regresar, lo cual me dificultaba cumplir con mi rutina, pero no me importó y seguí adelante. ¿Se pueden imaginar semejante inmadurez y soberbia? Qué tontería tan grande, no sé en qué demonios estaba pensando. O más bien, lo que no estaba pensando. Eso podía destruir mi vida; ya me lo habían advertido los expertos, pero yo seguía atentando contra mi salud, como si un hígado inflamado fuera cosa de risa o se pudiera componer por arte de magia.

Llegó el día del certamen *Mr. México* 1996, y ahora, en vez de llegar tan emocionado como la ocasión anterior, me sentía cada vez peor, pero mi ego era mucho más grande que yo. Era uno de los favoritos para ganar la competencia, un duro rival para otros fisicoculturistas más jóvenes, y estaba ahí para derrotarlos a todos.

Todo marchaba relativamente bien al principio. Pasé perfectamente la primera etapa y entre los mejores. Al iniciar la segunda etapa ya no me sentía tan bien: empecé a experimentar un sudor terriblemente frío, todo me empezó a dar vueltas, la vista se me nubló hasta la oscuridad total.

Desperté en urgencias, en una clínica del IMSS. A mi lado estaban mi madre, quien sujetaba mi mano, y mi hermano menor, Ricardo. Nunca se me olvidará la angustia que vi en el rostro de mi madre. Después de tres días de análisis nos dijeron que se trataba de un tumor en el hígado, que podía ser canceroso.

No lo podía creer. Nuevamente, el mundo se me vino encima. Yo, que cuidaba tanto mi alimentación, que me ejercitaba constantemente, que había construido ese cuerpo tan musculoso, tan fuerte. Y que había hecho estupideces tan grandes como seguir inyectándome esteroides para aumentar el tamaño de mis músculos, después de haberme causado lesiones en el hígado. Pero qué pendejo. Si les hubiera hecho caso a los médicos, si hubiera entendido, si me hubiera cuidado, si hubiera dejado de hacer tanta idiotez. ¿Se dan cuenta? Siempre nos topamos con los famosos *hubiera*, que simplemente son irremediables.

Ahora no había marcha atrás: tenía que hacer frente a las consecuencias de mis tonterías como un hombre. Debía asimilar esa terrible noticia que no dejaba de atormentarme día y noche. Era el momento de agarrar el toro por los cuernos y poner todo de mi parte para salir adelante.

Por supuesto que el tumor resultó ser canceroso, así que tuve que internarme en el hospital y someterme a tres largos meses de quimioterapia y radiaciones. Este tratamiento es sumamente doloroso, además de agresivo. Los estragos no se hicieron esperar: me fui debilitando poco a poco y perdía peso aceleradamente, bajé casi treinta kilos. Llegué a la competencia con noventa y cinco kilos, y al final del tratamiento apenas pesaba sesenta y seis.

Cuando salí del hospital me sentía auténticamente encabronado conmigo mismo, ¿cómo pude ser tan inconsciente? Había abusado de los esteroides cuando conocía perfectamente sus efectos secundarios, como el peligro de impotencia sexual y, por supuesto, cáncer. Ahora sí que estaba bien jodido: aquellos músculos que había construido a lo largo de todos esos años, con tantísimo esfuerzo, disciplina e incluso sacrificio, se habían ido; mi cuerpo estaba flaco, consumido y débil. Y mi ánimo; creo que la expresión "por los suelos" ni siquiera empezaba a describir lo bajo que estaba, pues mi depresión era casi tan severa como cuando perdí a mi hermana. Al recordarla me imaginé que se sentiría avergonzada de mí, y eso me puso más triste, si se podía.

Pero no crean que ahí terminé de pagar las consecuencias de mis excesos. Apenas empezaba una nueva etapa. En total fueron tres años de lucha contra el cáncer, durante los cuales seguí con tratamientos terribles, entrando y saliendo del hospital, hasta que me quitaron un treinta y cinco por ciento del hígado. Por cierto que aquí tengo que reconocer el gran trabajo de los especialistas del IMSS, unos auténticos profesionales que cuentan con los mejores equipos y, sobre todo, con la mejor disposición para ayudar a cada uno de sus pacientes. Su voluntad y paciencia son impresionantes; saben actuar y escuchar; siempre tienen una respuesta para cada pregunta, lo cual merece todo mi reconocimiento y no me canso de darles las gracias.

Esos años fueron un auténtico infierno. Dejé de apreciar la vida al grado de pensar en quitármela, pues de verdad prefería morir a seguir con tanto dolor, físico y emocional. La soledad me estaba matando lentamente, todos mis sueños se habían venido abajo, ya no podía entrenar, no tenía un trabajo fijo, mi esposa me había abandonado y no me dejaba ver a mi Dante. Era un panorama absolutamente desolador. Vivía en una frustración absoluta. Me sentía un total fracasado. Estaba literalmente "flaco, ojeroso, cansado y sin ilusiones", como aquella famosa canción que interpretaba Óscar Athié en los ochenta. Mi futuro se veía gris, no, qué gris, era negro azabache.

Y para acabarla de joder, de repente me apareció un temblor en las manos que no podía controlar, y fue aumentando hasta el grado de que no podía sostener un vaso, ni siquiera vestirme, además de que todo el tiempo tenía mucho calor. A mí ya no me importaba nada, pero mi mamá me obligó a ir de nuevo al hospital. La novedad fue cáncer en la tiroides, ¿pueden creerlo? Ya sé que suena increíble que a alguien le pasen tantas tragedias, pero les juro que eso me sucedió. Otra raya más al tigre. Ya no veía lo duro sino lo tupido, qué desesperación, qué dolor, qué angustia. ¿Cómo era posible que me pasara todo eso al mismo tiempo?

De verdad que no pensaba más que en suicidarme, así de plano, como lo están leyendo; era demasiado. Cada vez estaba peor: era poco más que un esqueleto ambulante, con dolores constantes por todo el cuerpo, sin apetito, sin la menor motivación para hacer nada de nada; no saben qué terrible es. Definitivamente prefería la muerte. Lo único que cruzaba mi mente eran ideas de cómo quitarme la vida de una vez por todas, y si desistí de ello no fue por mí, sino por mis papás, y por mi hermano, que no se apartaban de mi lado ni dejaban de darme palabras de aliento.

Así que de nuevo la maldita quimioterapia, y una nueva sorpresa: después de tanto tiempo de aplicármela, mi organismo ya era inmune a ella, ¿qué tal? Pues entonces radiaciones, otro buen rato de tortura varios meses hasta que, gracias a Dios, terminó por funcionar y eliminaron el tumor de la tiroides.

Inició entonces el largo periodo de recuperación: infinidad de terapias físicas, además de psicológicas, para levantar mi maltrecho ánimo. Hasta que finalmente lo superé, logré salir adelante. ¿Sería otro milagro? Por supuesto que sí. Una vez más la vida me daba otra oportunidad. Así que recogí mis miedos, temores y frustraciones, y me aventé al ruedo.

Aunque estaba bastante flacucho, logré recuperar mi trabajo como entrenador gracias a mi amplia experiencia. De inmediato empecé a echarle todos los kilos otra vez, con el claro objetivo de recuperarme al cien por ciento. El simple hecho de estar nuevamente dentro de un gimnasio me reconfortaba; volvía a mi elemento haciendo lo que más me gustaba en la vida: entrenar mi cuerpo y el de mis clientes.

Pronto me gané la confianza de mis nuevos clientes, muchos de los cuales se volvieron mis amigos. Poco a poco iba recuperando mi semblante y, sobre todo, mis músculos, mientras que las personas a mi alrededor me animaban a lograrlo.

Ese ambiente me sentaba excelente, así que cada vez me fui sintiendo mejor. Mi vida empezaba a recuperar su sentido.

11

Un día en el gimnasio, platicando con uno de mis clientes surgió el tema de mi trayectoria profesional. Le conté que soy ingeniero en electrónica, titulado por la UNAM, y él se interesó bastante. Me estuvo haciendo varias preguntas sobre mi trayectoria, casi como si me estuviera entrevistando. Me llamó mucho la atención y me quedé pensando en el porqué de su interés.

Al cabo de unos días regresó y no van a creer la buena suerte: me contó que trabajaba en Sony y necesitaban a una persona con mi especialidad, que si me interesaba entrevistarme con ellos, ¿se imaginan? Por supuesto que al oír el nombre de esa empresa tan importante le dije que sí me interesaba, y me dio cita para platicar en su oficina.

Fui a la entrevista en Sony, donde me ofrecieron competir para un puesto con excelente salario, prestaciones, incentivos, etcétera. De inmediato acepté y conseguí la chamba. Así, se abrió un nuevo capítulo en mi vida. Dejé mi empleo como entrenador, pero no el gimnasio, pues me inscribí como cliente, y seguí yendo casi a diario para mi entrenamiento personal.

Cuando cumplí un año en Sony evalué mi situación: me iba bastante bien, tanto profesional como económicamente, pero nomás no me llenaba. Extrañaba muchísimo mi chamba de entrenador, trabajar directamente con mis clientes, desarrollar sus cuerpos, celebrar con ellos sus avances y logros; en fin, lo que más deseaba era regresar a mi vida anterior, aunque eso significara ganar menos dinero.

Estaba por tomar formalmente la decisión de regresar al gimnasio cuando la vida me salió con otra de esas sorpresitas que tanto le gustaba darme: osteoporosis. ¿Que qué? ¿Cómo? ¿Un hombre de veintinueve años con osteoporosis? No me jodas. Pues sí, aquellos años de quimioterapias y radioterapias terminaron por debilitar mis huesos al grado de desarrollar ese terrible mal.

Como supondrán, la noticia me cayó como bomba molotov; otra raya más al tigre. Y como también se imaginarán, volví a caer presa de la peor depresión. Eran demasiadas jaladas, ¿qué más me iba a pasar?, ¿qué seguía? Ya eran tantas auténticas chingaderas que de plano empecé a creer que era brujería. Ya no podía más, no. Todavía no cumplía treinta años y ya tenía en mi haber dos tumores cancerosos, un cargamento de quimioterapias y radioterapias impresionante, y ahora, para acabarla de joder, osteoporosis, que no era ningún chiste: el dolor que sentía en los huesos era insoportable. Cada vez me sentía más débil, frustrado y desesperado.

Ahora que lo veo desde otra perspectiva, fue en realidad una etapa de gran aprendizaje, pues alguien me recomendó ir a un tanatólogo; sí, esos que te ayudan a lidiar con la muerte y te guían para entender un poco mejor tu existencia. Para empezar, el miedo a la muerte te paraliza. ¿Qué habrá después? ¿Realmente existirá el cielo?, o peor aún, ¿el infierno? ¿Quién lo sabe en realidad? Pues nadie, absolutamente nadie. Es cuestión de fe, ¿no creen?, depende de nuestras creencias, de ese tipo de dogmas que acostumbran joderte la vida porque se convierten en un auténtico lastre.

Por ejemplo, yo estoy más familiarizado con la clásica enseñanza de los católicos, esa de que te vas al cielo si fuiste lo suficientemente bueno y viviste como se debe. Pero, ¿quién te dice cómo es "vivir como se debe"? ¿Qué es lo bueno y lo malo? ¿Serán las religiones? ¿O quizá la propia conciencia? Créanme que todos los días me asaltaban miles de preguntas de ese tipo, y cada vez me atormentaba más la idea de no haber sido lo suficientemente bueno para merecer ese famoso paraíso, cielo, o la gloria eterna.

Recuerdo bien mi primera consulta, cuando se abrió la puerta y el doctor Ávila me hizo pasar a su consultorio, con esa actitud suya tan amable, positiva y gentil. Me invitó a sentarme con una sonrisa que me inspiró paz y tranquilidad. Nada más sentarme me lanzó la primera pregunta: "¿Cómo te sientes?". ¿Por dónde empezaba a describirle cómo me sentía? Creo que pasaron minutos enteros en los que estuve hilando mis ideas, y empecé a explicarle que me sentía como un muerto en vida, sin tranquilidad, sin esperanzas, lleno de miedos, culpas y, sobre todo, dolor. Le conté que nomás no encontraba respuestas para millones de preguntas, y que la única certeza que tenía era que no estaba dispuesto a morir todavía, apenas tenía veintinueve años. Y además de todo lo que me faltaba por conocer, disfrutar y amar, no podía permitir que mi madre sufriera la pérdida de otro de sus hijos; le conté sobre Ángel y Vicky, y le dije que no tenía ninguna intención de dejar a mi madre.

Después de que le expliqué todo eso como en media hora, el doctor me respondió: "Entonces trabajemos para que aprendas a disfrutar tu vida en este momento. Voy a enseñarte a recobrar el amor por ti, a recuperar el respeto y la dignidad, ¿te parece bien?". ¿Cómo no me iba a parecer bien si era lo más sensato que había escuchado en mi vida? Me sequé las lágrimas que se me habían escapado durante mi explicación y le dije que sí, que por supuesto estaba dispuesto a luchar por mi vida y a recuperar tanto tiempo perdido. Sobre todo quería encontrar la respuesta a esa famosa pregunta: ¿para qué? Quería saber para qué me habían sucedido todas esas cosas precisamente a mí, cuando hay tantísimos millones de personas en el mundo, ¿por qué había sido yo el elegido para pasar tantas penas, enfermedades y sufrimientos?

El doctor Ávila me dijo que era necesario hacer un compromiso real, y que juntos lo lograríamos, siempre y cuando yo estuviera dispuesto a recuperarme a mí mismo, a conocerme, a confiar en mí y a recobrar mis valores. ¿Se pueden imaginar cómo sonaban sus palabras en mis oídos? Bueno, pues en aquel momento me parecía algo absurdo, una verdadera aberración: ¿perdonarme yo?, ¿recuperarme?, ¿amarme?, ¿reencontrarme con mis valores? Por favor. Para empezar, jamás podría perdonarme todas las idioteces que cometí, pues me destrozaron la vida, además de que lastimé a mucha gente. Pero en última instancia sonaba interesante. Me dijo: "Voy a pedirte que pongas por escrito cuáles son tus valores y cómo piensas empezar a amarte y respetarte. Pon todo lo que se te ocurra; no pienses mucho, simplemente deja que hable tu corazón". Y así terminó mi primera consulta.

Dos días después estaba de vuelta con mi tarea hecha. No saben el trabajo que me costó hacerla: ¿cuáles eran mis valores?, y lo más duro, ¿cómo empezar a amarme?, pues si jamás me habían hablado del tema en casa, ni mucho menos en la escuela, ¿amarme? Ahora que lo pensaba, sería realmente importante que nos enseñaran a amarnos desde chiquitos. ¿Se imaginan cuántas cosas evitaríamos? No nos lastimaríamos ni dejaríamos que nadie lo hiciera. Era impresionante la cantidad de veintes que me caían al hacer esas reflexiones, como que me la pasaba tan distraído con mi vida que en lo que menos pensaba era en vivirla realmente: siempre ocupado en tantas tonterías, echándole la culpa a todo el mundo de lo que pasaba conmigo, que si mis padres eran los culpables, que si mis parientes, que si mis vecinos, que si mis gobernantes, que si mi país, y cuando ya no le hallaba, pues la culpa era de Dios. De verdad, qué equivocado estaba viviendo a través de los demás, pues así no me daba *chance* de identificar quién era yo, qué tenía yo, que sentía. Qué fuerte. No sé ni cómo le hice para poner todo eso por escrito, pero tuve que hacerlo.

Al entrar al consultorio le entregué inmediatamente mi tarea. Él la colocó en su escritorio, sin leerla, y me preguntó: "Juan, ¿tú para qué vives?", a lo cual le respondí automáticamente: "Para entrenar, para trabajar y para mi familia". El doctor andaba en ánimo preguntón: "¿Te quieres a ti mismo, Juan? ¿Qué sientes por ti?". Me cae que ese tipo de preguntas son como cubetadas de agua fría; ¿qué se puede contestar? No se me ocurría nada lógico que decir; en realidad no tenía respuestas para eso. Al analizarlo, me di cuenta de que realmente lo único que sentía por mí era lástima, y quererme, pues no, no me quería nadita, y como que algo me dijo que era urgente empezar a hacerlo, pues la vida te da todos los días una oportunidad de corregir el camino.

Al terminar esa segunda consulta me quedó claro que necesitaba ponerme en acción urgentemente, agarrar el toro por los cuernos y empezar a hacer cambios importantes en mi vida, tanto en mis sentimientos como en la forma de amarme y respetarme. Para empezar, comencé a cuidarme más, a vigilar lo que comía, a verme en el espejo sin criticarme, a disfrutar de los pequeños detalles, a agradecer cada despertar, a disfrutar de un amanecer, de un atardecer, de un anochecer.

Empecé a plantearme preguntas como: ¿adónde me gusta ir?, ¿qué me gusta hacer?, ¿cuál es mi pasatiempo favorito? Con todo eso en mi cabeza empecé a consentirme, a hacerle caso a esa voz en mi interior que me gritaba que necesitaba amor, apapacho, alegría y felicidad; que me urgía divertirme y pasar más tiempo conmigo mismo. Qué ironía. Pensar que me hacía falta tiempo para estar conmigo, para reconocerme, para aprender, ahora que según yo me quedaba tan poco. En fin, hice a un lado todos esos pensamientos negativos, me armé de valor y decidí tomar el control de mi vida.

Pasé un año y medio en terapia con el doctor Ávila, aprendiendo todas esas cosas, gracias a lo cual me recuperé anímicamente. Ya sabía cómo amarme y respetarme; ahora le agradezco a Dios todos los días por estar vivo; soy tolerante; tomo mis propias decisiones; respeto a los demás; soy generoso conmigo y quienes me rodean. En resumidas cuentas, voy hacia la felicidad y procuro mantener una sonrisa dibujada en mis labios todos los días, aunque mi carácter explosivo me lo impida de vez en cuando. En verdad le echo todas las ganas para conseguirlo y ver la vida de diferente manera. El mundo no cambió, yo lo hice y eso empezó a hacer más ligero mi equipaje.

Me gustaría contarles una experiencia muy interesante que aprendí en una de las terapias con el Doc. Un día, al final de una consulta, me pidió que para la siguiente llevara una bolsa mediana de papas y una bolsa de plástico. Le pregunte para qué y me respondió: "Paciencia, Juan, ya lo verás, tú trae lo que te pido". En la siguiente consulta llegué con el encarguito. Después de saludarme me pidió que abriera la bolsa de papas y que eligiera una por cada persona a la que le guardaba resentimiento; que escribiera su nombre y luego las colocara en la bolsa de plástico. Mi bolsa quedó realmente llena; al terminar me pidió que durante una semana llevara conmigo a todos lados esa bolsa.

Naturalmente, la condición de las papas se iba deteriorando con el paso de los días. El fastidio de acarrearla en todo momento me mostró claramente el peso espiritual que cargaba a diario, y como ponía mi atención en la maldita bolsa para no olvidarla en algún lado, desatendía cosas que eran más importantes para mí.

Ese ejercicio hizo que me cayera otro famoso veinte (¿o fue más bien un centenario?): me di cuenta del precio que pagaba a diario por mantener el resentimiento por algo que ya había pasado y no podía cambiarse. Entendí que cuando me llenaba de rencor aumentaba mi estrés, no dormía bien y mi atención se dispersaba.

Como no podía seguir permitiendo esa situación, le pedí al Doc que me enseñara a perdonar para soltar todos esos resentimientos que llevaba años cargando y que ya no quería arrastrar. Él me dijo: "Déjalos ir así nada más, ya no los cargues". Cuando los solté les juro por la virgencita que me llené de paz y calma; descubrí que la falta de perdón es como un veneno que tomamos a diario a gotas, pero que finalmente termina envenenándonos.

Durante mucho tiempo pensé que el perdón es un regalo para el otro, sin darme cuenta de que el único beneficiado al perdonar soy yo mismo. Ahora entiendo que el perdón es una expresión de amor por uno, y que libera de ataduras que amargan el alma y enferman el cuerpo.

Que quede claro que perdonar no significa que esté de acuerdo con lo que pasó, ni que lo apruebe, ni tampoco que deje de dar importancia a lo sucedido, ni darle la razón a alguien que me lastimó; simplemente significa dejar de lado aquellos pensamientos negativos que me causan dolor o enojo.

Disculpen que me clave tanto en el tema, pero estoy convencido de que la falta de perdón te ata a las personas con el resentimiento; te encadena; te envenena el espíritu porque neutraliza los recursos emocionales que tienes. El perdón es una declaración que puedes y debes renovar a diario. Muchas veces la persona más importante a la que tienes que perdonar es a ti mismo por todas las cosas que no fueron de la manera en que pensabas.

El perdón es la clave para encontrar la liberación interior. Yo me pregunto a diario: ¿con qué personas estoy resentido? ¿A quienes no puedo perdonar? ¿Es que soy infalible y por eso no puedo disculpar los errores ajenos? Te aconsejo que lo hagas para que puedas ser perdonado. Recuerda que con la vara que mides serás medido.

En verdad no quiero sonar como el sabelotodo. Ojalá les sirva lo que les conté y se atrevan, al igual que yo, a aligerar la carga, a estar más libres para dirigirse hacia sus objetivos.

Ahora estoy consciente de que mi salud depende de mi estado de ánimo y de los cuidados que le dé a mi cuerpo y a mi mente; también de que hay que cuidar los sentimientos y dedicarle tiempo a los asuntos del corazón. O sea, dejar de hacerme el fuerte para convertirme en un valiente caballero, lo cual es sin duda alguna un proceso muy dinámico: siempre tengo la oportunidad de reforzar, de cambiar y de aprender. Y por supuesto que en eso estoy, tomando conciencia de que en la vida todo cambia, todo pasa y todo llega.

12

Se dice fácil, pero eso de aprender y asimilar lo que nos va pasando en la vida no es nada sencillo, más bien es muy duro; en mi caso, hay ocasiones en que no veo la salida. ¿Cuántas veces lo he pensado? Me preguntaba para qué estar vivo, para qué seguir adelante, para qué, para qué, para qué. Hasta que un glorioso día (todo cambia) empezaron a suceder cosas buenas en mi vida: conseguí un excelente empleo en una cadena de gimnasios muy grande y ahí conocí a mi Mary (todo llega), la mujer que amo. Ella comparte mi gran pasión por el deporte, e igualmente ama trabajar en gimnasios. Es atlética, delgada y ágil; imparte clases de yoga, pilates y *spinning*. Mary se convirtió en parte vital de mi vida; cada día me ayuda a superarme y a ser una mejor persona.

Pues sí, ya me entró lo romanticón, y es que a veces se me da.

Aunque en un principio no todo fue miel sobre hojuelas. El día que conocí a Mary me cayó de la patada, en serio, y yo a ella; creo que yo le caía todavía peor, pues en las juntas del gimnasio ponía jetas cada vez que yo expresaba mis opiniones, y si le preguntaba algo directamente, ni siquiera me volteaba a ver, además de que no perdía la ocasión de hacer comentarios venenosos como: "Esos nuevos entrenadores no me parecen nada buenos, creen que basta con ser musculoso y que no hay que esforzarse más. A algunos lo que les hace falta ejercitar más es el cerebro", y cosas así. Se podrán imaginar que cada vez la soportaba menos, pero al mismo tiempo me fijaba más en ella, ¿a poco no sucede que cuando alguien la agarra contra ti, empieza a llamar más tu atención?

Un día Mary y yo coincidimos a la salida de la chamba: como llovía a cántaros, estábamos parados en la puerta, esperando a que se calmara un poco. Ella traía paraguas y yo sabía que iba a la misma estación del metro que yo, así que por supuesto deseaba que me invitara a compartirlo, pues no tenía muchas ganas de mojarme. ¿Qué creen que pasó? Pues la muy mamona ni me volteó a ver, y en el momento en que amainó un poco el agua, abrió su paraguas y se echó a correr. Pensando: "Ah, qué poca madre", me lancé tras ella y tomé el paraguas. "Yo te llevo", le dije con firmeza, y contrariamente a lo que esperaba, ella accedió con un movimiento de cabeza, así que nos fuimos caminando juntos. Yo me sentía muy nervioso; había actuado impulsivamente y no me podía echar para atrás, menos aún cuando la cosa había resultado tan bien.

Una vez dentro de la estación le devolví el paraguas y le agradecí que me lo hubiera compartido. Resultó que íbamos en la misma dirección, así que esperamos juntos el metro y empezamos a platicar. Por primera vez la observé y descubrí lo bonitos que eran sus ojos; cuando me sonrió, simplemente me cautivó esa sonrisa tan hermosa, con dientes blancos y parejitos, pero qué guapa estaba, y yo ni siquiera me había permitido darme cuenta.

De lo que sí me había percatado era de que estaba buenísima, cómo no te vas a fijar en la ricura que está impartiendo la clase de pilates junto a ti en el gimnasio. Pero en ese momento no tuve el menor pensamiento lujurioso, simplemente su hermosa voz deleitaba mis oídos, su bello rostro llenaba por completo mi mirada, acaparaba por completo mis sentidos. Definitivamente Cupido había flechado mi corazón.

Ya sé que sueno de lo más cursi, pero me invadió una sensación tan bonita que nuevamente me sentí lleno de ilusión y auténticamente vivo. La acompañé a su casa con toda la intención de conocer dónde vivía y nos despedimos de beso (cosa que jamás había sucedido). La lluvia seguía, pero no me importó en lo más mínimo.

Al día siguiente en el gimnasio por supuesto que su actitud mejoró, pero tampoco crean que mucho. Yo hacía todo para acercármele, pero a ella parecía darle lo mismo, así que me propuse una meta muy clara: la iba a conquistar a como diera lugar. A partir de ese momento se convirtió en un desafío para mí; no podía pensar en otra cosa y prácticamente me obsesioné, al grado de que hasta soñaba con ella por las noches.

Como no queriendo, empecé a acercarme a ella para conocer su trabajo, e incluso llegué a simular que quería practicar yoga. ¿Se imaginan a un fortachón como yo en clases de yoga? Me veía patético. Pero no pensaba en otra cosa más que en estar cerca de ella, así que me la pasé todo un mes haciendo yoga, con bastante esfuerzo por cierto, pues sí que tiene su chiste. Nada tonto tomaba la última clase con toda la intención de que saliéramos a la misma hora y así tener el pretexto de acompañarla a su casa.

Aunque la mayoría de las veces me mandó a volar literalmente, en tres ocasiones lo logré.

Cada día crecía mi admiración por ella, pues me iba platicando cosas fascinantes sobre su vida: fue atleta de alto rendimiento y competidora olímpica en gimnasia, así que conocía a atletas importantes que la invitaban de repente a entrenarlos. Justo por esos días la contactaron dos medallistas olímpicas muy reconocidas que necesitaban un plan de entrenamiento completo, y le pidieron que armara un *staff* de entrenadores, y me invitó a participar. Sobra decirles que acepté feliz de la vida, pues no era solo una oportunidad de estar cerca de Mary, sino también de medallistas olímpicos, lo cual me hacía revivir los tiempos en que yo mismo fui campeón, no olímpico, pero sí nacional, que ya es bastante bueno.

Empezamos a trabajar en ese proyecto a finales de 2001. Fue una experiencia increíble: Mary y yo nos entendíamos a la perfección y todo fluía de maravilla, parecía que se nos ocurrían las mismas ideas (como sigue sucediendo hoy en día), así que nos poníamos de acuerdo de volada y nuestra convivencia era muy cordial.

Como se imaginarán, la química entre nosotros era cada vez mejor y yo lo supe aprovechar: te invito a cenar, te traje unas flores, y a los tres meses de iniciar el proyecto, lo logré, la conquisté. Vaya, no se imaginan lo nervioso que estaba cuando me le declaré: fue a la antigüita, en una cena romántica, con flores y toda la cosa, y en el momento que me dio el sí nos dimos nuestro primer beso. La panza se me subió a la garganta, me temblaban las rodillas, me estallaba el corazón, me sentía realmente feliz. Era maravilloso sentir de nuevo la emoción de estar vivo, de confiar, de querer, de disfrutar.

Definitivamente, Mary es mi compañera ideal: compartimos las mismas aficiones, la pasión por los entrenamientos, las competencias y la disciplina deportivas; qué más se puede pedir. Me sentía encantado.

Llevábamos un año de novios cuando decidimos vivir juntos. Era septiembre de 2002, lo recuerdo como si fuera ayer. Lo primero fue encontrar un departamento cerca del gimnasio donde trabajábamos. Ambos queríamos uno bien iluminado, con buena ventilación, que no fuera ruidoso, y recorríamos emocionados las opciones hasta que al visitar uno los dos dijimos al unísono: "Este". Qué emoción estar en el mismo canal.

Fuimos amueblando nuestro depa poco a poco. Nos llevó algunos meses, pero finalmente quedó tal como soñábamos nuestro hogar, y como si se hubiera sincronizado, al terminar con la decoración nos llegó la noticia más maravillosa:

Mary estaba embarazada. Cómo describir la felicidad tan grande. Brinqué de emoción, lloré de gusto, levanté a mi mujer en vilo y la paseé por todo el depa, sin hacer caso a lo que me gritaba entre carcajadas.

Era maravilloso ir viendo cómo se desarrollaba mi bebé dentro de la mujer que amaba, aunque por supuesto me trajo el recuerdo de mi hijo Dante y no pude evitar que eso opacara la experiencia, pues el que esté lejos de mí, creciendo sin su padre, me hace un auténtico hueco en el corazón.

Pero la terapia me había enseñado muy bien a concentrarme en lo positivo, así que hice a un lado la tristeza del pasado para entregarme de lleno a vivir la dicha de esa nueva vida que se desarrollaba, con toda la seguridad de que llenaría la mía de alegría.

13

Mary y yo vivíamos en un maravilloso estado de alegría que se incrementaba con cada centímetro que crecía su panza; mientras, la vida estaba preparando otra pruebita a mi temple. Cuando parecía que todo marchaba sobre ruedas, ¡zas!, la desgracia volvió a tocar a mi puerta: era abril de 2003 cuando me llamaron para informarme que mi madre estaba en el hospital con el cuerpo invadido de tumores.

¿Acaso pesaba sobre mí algún tipo de maldición? ¿Mis momentos de felicidad no podían durar? ¿Estaba condenado a una vida de tragedia? Sabía que no debía pensar así, pero ese golpe me volvió a derrumbar por completo. La felicidad que me causaba la próxima llegada de mi nuevo bebé fue empañada cuando vi a mi madre, el ser que más amaba en la vida, en ese terrible estado. Qué injusticia. Apenas había logrado superar la sensación de dolor tan profunda por todo lo que había vivido, y ahora el sufrimiento estaba de vuelta en mi vida, ¿por qué?

Mi mamá pasó dos meses en el hospital; dos meses de terrible agonía hasta el triste desenlace. Cuando me notificaron su fallecimiento no pude llorar, pues mis lágrimas se habían agotado durante todo ese tiempo, que pasé prácticamente postrado junto a su lecho. Mi adorada madre se me fue. Cómo hubiera deseado que conociera a mi hija, que me hubiera durado más, que hubiera estado junto a mí para guiarme con sus sabios consejos, que siempre me seguirán haciendo falta. Nuevamente mi vida estaba hundida en un mar de *hubieras* que dolían muchísimo.

Por eso hoy en día aprovecho cada momento de felicidad y amor que me dan mis seres queridos, para nunca más tener que decir *si hubiera*. Eso lo tengo presente desde hace muchos años: es la enseñanza que me han dejado tantas pérdidas en mi familia, como las de Vicky y mi querida madre, a quienes extraño cada segundo de mi vida.

Apenas unas semanas después de la partida de mi madre nació mi adorada Sofía. Fue un momento inolvidable: la enorme felicidad del nacimiento de mi hija convivía dentro de mi corazón con la profunda tristeza por la pérdida de mi mamá; era tan extraño que no encuentro palabras para describir esa particular mezcla de sentimientos.

Una vez más me esforcé por concentrarme en lo positivo, en la llegada de ese angelito que es la motivación de mi vida. Desde ese momento, Sofía ha sido mi fuerza para superar cada situación difícil, cada accidente o cada obstáculo que he tenido que enfrentar. Recuerdo vívidamente el momento en que la tomé entre mis brazos, tan chiquita, tan indefensa, tan vulnerable y tan hermosa; cómo deseé que se quedara así para siempre, que no creciera, que dependiera de mí como en el momento en que nació. Esa sensación es indescriptible; estoy seguro de que quienes son padres me darán la razón, y a los que no lo son les recomiendo que no se pierdan esa maravilla.

Voy a hacerles una sugerencia: cuando decidan tener hijos, primero piénsenlo muy bien y háganlo con responsabilidad y convencidos como pareja (aquí no se vale el clásico: "Ay, me embaracé sin querer", que no es nada lindo, y menos ahora que existen tantas formas de cuidarse). Hay que estar perfectamente conscientes de que tendremos que ver por otra personita que dependerá totalmente de nosotros, tanto moral como económicamente, y lo peor que se puede hacer es convertir esa bendición en maldición.

El día del bautizo de nuestra Sofi, Mary y yo nos prometimos que nunca permitiríamos que nada ni nadie nos venciera, y así ha sido desde ese momento: yo nunca he dejado de luchar por más duras que hayan sido las pruebas que se me han presentado. Y aquí cabe la reflexión de que la relación con mi esposa ha sido, sin duda alguna, lo mejor que me ha tocado vivir hasta el momento. Ella es mi sostén y mi apoyo absoluto, somos cómplices, amigos, amantes, compañeros, novios, padres. Hemos logrado consolidar nuestra relación basada en el amor, el respeto y la confianza.

Esto me hace sentir un auténtico chingón, pues actualmente las parejas ya no duran; el compromiso hace huir a la gente; los valores se han tirado a la basura; la lealtad, la paciencia, la tolerancia, la compasión y el amor se han vuelto desechables. Las pocas parejas que siguen juntas lo están por los motivos más variados, pero no por amor y compromiso; unas por la lana; otras por miedo a quedarse solas; otras porque manejar una doble moral es algo divertido y excitante. Y ya mejor no sigo.

Pero en mi caso, puedo asegurarles que la vida sí que me compensó por todo lo que he vivido, premiándome con una mujer poca madre. Tengo la mejor mujer del mundo y me siento muy afortunado por ello.

14

Pero ya me desvié mucho y no les he terminado de platicar sobre el último obstáculo de mi vida, el terrible accidente en moto que les he venido contando. Pues bien, tuvieron que pasar nada menos que dos años para que apenas empezara a ver y sentir mi recuperación, que ha sido lenta y muy dolorosa, y lo que falta. Porque no crean que ya lo dejé atrás: me he tenido que someter a ocho cirugías y a cualquier cantidad de terapias de recuperación, además de a tratamientos durísimos. Por fin pude dejar las muletas, pero aún necesito un bastón para caminar. Cuando salí del hospital tuve que volver a aprender a caminar, a comer, a manejar.

¿Vida sexual? Durante varios meses me tuve que olvidar de ella. No se imaginan la frustración de no poder hacerle el amor a mi Mary. Fue de las peores cosas que tuve que soportar. Afortunadamente ese terrible periodo de abstinencia quedó atrás y ahora disfruto de mi vida sexual con más conciencia, lo que la hace más plena y placentera. Qué importante me resulta ahora valorar la entrega a través del sexo. Volver a sentirme hombre y disfrutar a mi mujer es invaluable. Como no hay mal que por bien no venga, todo ese tiempo sin intimidad nos sirvió para perder la pena y ampliar nuestra comunicación; nos permitimos experimentar sensaciones nuevas y hemos desatado otra vez la pasión entre nosotros.

Aunque no fue así nada más. Durante mi convalecencia en casa mi mujer trataba de motivarme para tener sexo, y resulta que no me excitaba; cualquier esfuerzo era inútil. Eso me hacía encabronar como no tienen una idea. Fue tal mi impotencia que estaba enojado con Dios, con la vida, conmigo y con quien se pusiera enfrente. Me sumí en otra terrible depresión. Nada más eso me faltaba: aparte de jodido, impotente. Esos pensamientos no me ayudaban en nada; al contrario, hacían que fuera cayendo en un hoyo cada vez más profundo. Hasta que un día, como no queriendo la cosa, Mary dejó un libro sobre cómo despertar a la sexualidad cerca de mi buró. Confieso que cuando lo vi me enojé.

Pensé lo peor de ella, y me dije: "Si yo me jodo, ella también, faltaba más".

Pasaron varios días antes de que me animara a abrirlo. La curiosidad mató al gato. Así que un buen día me decidí. Leí primero el índice para ver si me interesaba algún capitulín por ahí. Después me clavé en la introducción, hasta que sin darme cuenta ya estaba entradísimo en la lectura.

Me cautivó. El autor cuenta, de manera divertida, cómo después de un terrible accidente se reencuentra con su sexualidad, tras sufrir varios años de impotencia debido a los medicamentos que tomaba. ¿Les suena la historia? Este libro marcó la pauta para que me animara a seguir investigando sobre el tema, porque cuando hablaba del punto G de la mujer me sentía como un pendejo, pues no tenía idea de dónde estaba. Así, cuándo lo iba a encontrar. También hablaba sobre los puntos donde la mujer se estimula mejor: los pezones, los senos, las pompis; que si los besos, las caricias y todas las cosas que se pueden hacer antes de la penetración.

Hasta ese momento yo creía que tener buen sexo era tener una buena erección el tiempo suficiente para que pudiera venirse mi mujer. Ah, qué equivocado estaba. Cuántos años desperdiciados. "Pero no todo está perdido, pensé, es momento de aprender y de cambiar esa nefasta actitud".

La idea de volver a sentirme hombre me motivó para seguir aprendiendo con determinación. Además, conforme iba investigando, mi cuerpo empezaba a reaccionar poco a poco, lo cual me hacía inmensamente feliz. Así que decidí que el impedimento físico no podía detenerme. Si ya la había librado en varias ocasiones, me la había rifado hasta con la muerte, sería el colmo que no me pusiera las pilas para liberarme de ese asuntito.

Pues ahí me tienen descubriendo ese nuevo mundo de cómo satisfacer sexualmente a una mujer para poder aplicarlo con mi esposa. En dónde la boca, los dedos, las miradas y las caricias son muy eróticos; en dónde aplicar los masajes para ir descubriendo poco a poco cada parte del cuerpo; todo adquiere una relevancia impresionante.

Incluso cosas que jamás me hubiera imaginado, pues pensaba que eran pecaminosas, como los juguetes sexuales, empezaron a ser normales conforme me documentaba en el tema. No fue fácil quitarme todas esas telarañas de la cabeza. Me tomó tiempo entender y aprender un poco.

Confieso que lo que me movía era pensar que ya no iba a poder ponerle como me gusta con mi mujer; eso me tenía bastante inquieto.

15

Qué equivocado viví. Perdón que lo repita pero es que no me cabe en la cabeza que me haya perdido de tantas cosas. Conforme avanzaban mis investigaciones pude soltarme a platicar con Mary. Ella estaba igual de ignorante que yo en el tema, así que también empezó a leer y a conocer más sobre su propia sexualidad. Según nos adentrábamos ambos en el aprendizaje, ella también se enfocó a cómo satisfacer sexualmente a un hombre. Qué maravilla. Yo que pensaba que ese era tema nuestro, pero gracias a Dios, no, y a mi señora le dio por aprender varias técnicas del placer para su servidor; así que un buen día me explicó que también tenemos el punto P con el que llegamos al éxtasis; que ya más o menos tenía idea de cómo encontrarlo, y que la estimulación tenía que ser suave y con cuidado, ya que es una zona muy sensible. Cómo retener la eyaculación por medio del tantra para ser multiorgásmicos, que si las posiciones, que si las caricias…

Lo mejor de todo para mí en esa terrible época, fue sin lugar a dudas su actitud. Pues no solo estaba dispuesta a aprender y experimentar conmigo, sino que tenía la paciencia de aguantar mis cambios de humor. Lo que más emocionaba a Mary era la idea de un equilibrio sexual en la que ambos despertáramos a un nuevo horizonte, por lo que empezamos a llamarlo la dimensión desconocida, entre risas y bromas.

Ambos nos dimos a la tarea de ejercitar nuestros músculos sexuales. Leímos sobre la importancia de fortalecer el músculo pubocoxígeo, que está entre el hueso púbico y el coxis, en ambos sexos. Lo apretábamos todo el tiempo: sentados, parados, bañándonos, caminando. Ello ayuda a lograr múltiples orgasmos, así que nos dimos a la tarea de averiguar si era cierto o no.

Un buen día, mientras mi mujer me daba el acostumbrado masaje nocturno recomendado por los médicos, empezó a tocarme de manera diferente, lo que me sorprendió, ya que pensaba que aún no estaba listo. Le dije que lo dejáramos para más adelante, a lo que ella respondió con un "shshsh", y como todos sabemos, cuando una mujer te dice "shshsh", no te queda más remedio que callar y apechugar.

Me dije: "Juan, es momento de relajarte y ponerte cómodo, si no te animas ahora, cuándo". Para mi sorpresa, mi cuerpo dormido hacía tantos meses empezó a despertar. Poco a poco fui sintiendo y disfrutando cada caricia que recibía. Cada parte de mí empezó a vibrar según era tocada, acariciada, explorada y besada. No se imaginan cuán grande fue mi emoción. Estaba ocurriendo el milagro que había pedido. Ahora ya no tenía la menor duda de que recobraría mi hombría. Y lo mejor de todo fue descubrir que lo que había leído era cierto, que cada parte de mi cuerpo reaccionaba ante diversas caricias.

Una nueva forma de sentir placer, de amar, de gozar, de compartir y experimentar se abría ante mí.

16

A partir de ese día mi mujer se dio a la tarea de despertar mi cuerpo, y vaya que lo consiguió. Ella gozaba también. Como al tercer masaje se atrevió, con algo de pena, a contarme que la excitaba cuando veía que se me ponía el cuero enchinado.

No puedo creer que esté hablando así sobre sexo y contándoles mis intimidades. La verdad es que les tengo mucha confianza. No pretendo que esto se convierta en una clase erótica ni mucho menos, solo que me pareció interesante compartirles esa experiencia que cambió mi vida radicalmente.

Sé que para muchos, al igual que antes lo era para mí, el tema del sexo es algo complicado, pero créanme que está chido: hay tanto que aprender, experimentar, conocer, que no se lo pueden perder. Éntrenle sin miedo ni tabúes. Se los recomiendo.

Ya me puse filosófico pero no es para menos. La sexualidad, que es un asunto primordial en la vida de todos, la tomaba muy a la ligera hace unos años. Hasta pena me da confesarlo, pero cuando abrí los ojos ante esta nueva posibilidad me encabroné: ¿cómo pude pasar tantos años sin tener buen sexo?

Esa pregunta nunca podré responderla, pero lo bueno es que ya me doy *chance* de experimentar junto con mi mujer nuevos caminos del placer y el éxtasis, formando un círculo virtuoso.

Qué maravilla; de eso se trata la vida, de aprender todo el tiempo. ¿Quién dice que ya todo lo sabe uno? Urge reprogramar el *chip* para despertar, para quitarse los miedos, prejuicios, tabúes, para empezar a sentir, a experimentar, a gozar, a tocar, a tocarnos. ¿Suena bien, verdad?

Imaginen tener una relación así, llena de experiencias nuevas, cachonda, sensual, explosiva, divertida y pasional. Y además, que ayude a despertar al león y a la leona que trae uno adentro, que aprendamos ambos a disfrutar de nuestra sexualidad, con todo el amor y el respeto hacia uno mismo.

No estoy invitándolos a la promiscuidad y al desenfreno, de ninguna manera; al contrario, con esto quiero invitarlos a empezar a vivirse como lo que somos, seres de naturaleza sexual que venimos a amar y ser amados, experimentando el amor incondicional con libertad y alegría.

Imaginen lo sensacional que sería retomar la sexualidad plena en sus vidas. Sean parte del cambio, generemos juntos un mundo mejor, sin enfermedades ni amarguras, viviendo plenamente nuestra vida, felices, sonrientes, agradecidos, complacidos con nuestra existencia a cada momento.

17

Desde que empecé a sentirme nuevamente hombre en toda la extensión de la palabra, mi recuperación fue más rápida. Ahora sabía que podía saltar cualquier obstáculo. Solo era cuestión de echarle los kilos y no flaquear, de insistir con dedicación, fortaleza y mucha paciencia. Entonces decidí dejar de hacerme la víctima y sentir lástima por mí, porque uno cae fácilmente en esos papelitos. Y aunque me lo decía la psicóloga de la clínica, a la que acudía dos veces por semana, se me hacía cómodo seguir dándole vueltas a la misma historia de mi accidente, a la del canijo cáncer, a la de mi hijo y a la de mis hermanos, y quedarme paralizado jugando al yo chiquito e indefenso, que en realidad lo único que hacía era tratar de ocultar mi miedo de enfrentar el presente, que me gritaba desesperado que me hiciera cargo de él y le entrara a construir un futuro que yo veía incierto y angustioso.

Todos los días iba a mi rehabilitación a la clínica, donde me ponían a hacer ejercicios durísimos en el agua y con aparatos especiales. Los primeros meses mi hermano Ricardo me llevaba, y Mary me recogía para ir por nuestra chamaca. Al cabo de un tiempo mi esfuerzo rindió frutos, y cuando pude manejar tomé el volante sin dudarlo. Empezaba a sentirme útil: llevábamos a Sofi al colegio, luego dejaba a mi esposa en su chamba y me enfilaba a la clínica, donde al llegar me ayudaban a bajar y me acomodaban las muletas.

Así transcurrió otro año. Para entonces ya tenía fuerza y regresé a entrenar a un cliente, luego a otro, y así hasta que poco a poco recuperé a todos mis clientes. Además, volví a hacer trabajos de ingeniería electrónica instalando sonidos, consolas, televisiones, programas de computadoras, antivirus, etcétera.

Mi estado anímico mejoraba día a día, al igual que mi cuerpo. Recuperarme y hacerme cargo de mí fue la clave, además del amor de mi familia, que todo el tiempo estuvo a mi lado. Ahora me daba cuenta de lo afortunado que era por tener personas tan valiosas a mi alrededor. Aprendí a amarlas profundamente, sin máscaras ni tonterías. Ahora les doy lo que siento que merecen sin titubear. Ya no me ando por las ramas a la hora de decir te amo, o gracias por estar aquí. Estoy realmente emocionado por todo lo que he logrado y lo feliz que soy a pesar de lo que he pasado, ya que gracias a que me ha llovido sobre mojado he podido despertar de la pesadilla en que había convertido mi vida.

La buena fortuna me sonreía y la peor tontería que podía hacer era darle la espalda, así que de nuevo agarré el toro por los cuernos y empecé a soñar despierto, a enfocarme en mi recuperación absoluta y en recobrar mi cuerpo musculoso y atlético.

Pasaban los meses y con ellos mi vida retomaba su sentido. Un día se le ocurrió a mi esposa a invitarme a otra Mary-aventura. Había visto una película en la que las parejas retomaban su cachondería y autoestima bailando tango, así que me invitó a tomar clases con ella. Ahora sí que solo eso me faltaba ¿Tango yo después de todos los tangos que he hecho en mi vida? Casi me da un ataque de risa, pero me contuve al ver la cara que puso, lo que me hizo reaccionar rápidamente para evitar broncas (ya uno se las sabe), así que le pedí que me explicara. Me echó un choro (de esos que se avientan las mujeres) sobre que la flexibilidad es importante para el cuerpo y la mente; que nos volveríamos más cachondos (¿más?); que si nos ayudaría a mantenernos jóvenes; en fin, tantas cosas buenas que cómo puede uno negarse así como así. Podrán imaginarse (y se imaginan bien) que ella ya tenía todo investigado: lugar, horarios, costos y hasta dónde comprar los zapatos para bailar tango. Eso sí que no lo sabía: ¿zapatos especiales?

Pues ahí me tienen en la famosa clase de prueba para ver si te gusta el bailecito. En cuanto comenzó la clase se escuchó la voz de la maestra que decía: acomoda a tu compañera de tal forma, agárrala de la cintura, siente la música para llevarla suavecito, busca mirarla a los ojos todo el tiempo, que las piernas no choquen, dale la vuelta. Sencillamente fue horrible; lo más patético del mundo; me sentí igual que un caballero medieval con armadura, pero oxidada. Qué diferente es el tango de la salsa o el merengue. Como sea, ya tengo bien armados algunos pasos. Salí confundido, avergonzado, cansado, y con muy pocas ganas de volver.

Para mi sorpresa, Mary salió encantada, incluso podría decirles que hasta excitada. Le fascinaron la clase, el tango y la maestra. No dejó de hablar de la técnica, de los movimientos, de los ritmos, de la sensualidad de cada momento, de la coordinación de los pies, de lo bien que se sintió haciéndolo; cómo cada nota la hacía reaccionar a su ritmo, unas veces fuerte, otras lentamente, pero cada una con un toque especial que despertaba su ágil y delgado cuerpo.

Cuando me preguntó qué me había parecido, fui honesto. Argumenté todos mis motivos para no regresar, solo que para variar logró convencerme para que lo intentara nuevamente. Le dije que me tenía que tener mucha paciencia y que yo por mi lado le echaría ganas.

Pues ahí me tienen: de clase en clase combinándolas con mi terapia de rehabilitación, mi chamba, mis entrenamientos personales, hasta que logré agarrarle el modo al tango. Lo más sorprendente fue que mientras lo aprendía también me fui haciendo más flexible; mi mente y cuerpo notaron la diferencia; mis pensamientos poco a poco se fueron haciendo más asertivos; se me fue quitando el miedo a regarla, no solo con los pasos de tango sino en las cosas de todos los días. La verdad es que sí funciona.

Nos hicimos muy amigos de tres parejas de la clase. A veces nos vamos a cenar o a tomar unas cervezas al salir; también nos vamos rolando alguna casa para juntarnos a platicar, contar chistes, jugar mímica, cartas, dominó o lo que se nos ocurra. Hemos formado un grupo unido y divertido. Una de las parejas organiza viajes para conocerte a ti mismo, en los que le entras a la práctica de yoga, a meditar, a purificarte en el temazcal, a alinearte los chacras con masajes holísticos, para quedar bien alineado y listo para seguirle por la vida.

Un fin de semana nos animamos a ir con ellos a Tepoztlán, junto con un grupo de veinte personas. Ha sido de las mejores experiencias de mi vida. El lugar es fascinante. Cuando llegué descubrí por qué es un pueblo mágico. Todo me sorprendió: el pueblo, el clima, el cerro del Tepozteco, la comida.

Lo mejor fueron las actividades ya que verdaderamente te conectas contigo y logras ver más allá del cuerpo físico, y te sorprendes al entrar en contacto con la creación, con un ser superior, con Dios, con la vida misma. Iba de sorpresa en sorpresa; a veces trataba de encontrarle la lógica a lo que estaba viviendo; otras lloraba cuando reflexionaba sobre mi vida, lágrimas que te ayudan a limpiar el alma, a sacar tanto dolor y amargura, para después enterarte de que eso ya pasó, que lo valioso es aprender a vivir el presente, estar en el aquí y en el ahora, ya que cada momento es importante y se pierde al estar pensando en un futuro que todavía no llega.

En solo tres días aprendí tanto: a hacerme cargo de las cosas cuando sucedan, si es que sucedan; a valorar cada instante; a sorprenderme con la grandeza de la naturaleza y de los seres vivos. Cobré conciencia de mis capacidades; reconocí mis talentos; valoré mis aptitudes y le di la bienvenida a mis actitudes.

Ese tiempo me ayudó a integrarme con mi mujer, a aceptarme como soy y a aceptarla sin querer cambiarla. Reconocí el gran amor que vive en mí, lo feliz que puedo ser cuando elijo serlo ya que la felicidad no es algo que me puedan dar los demás, ni siquiera mi hija.

Ser feliz es sentirte pleno, realizado, bien con uno mismo y que te valga madres lo que pasa afuera.

18

Nunca pensé estar metido en esos rollos; siempre critiqué a la gente que lo hacía (sin tener la menor idea de lo que hacían). Ahora les confieso que entrar al temazcal me ayudó a purificar mi alma; me recordó de dónde vengo y para dónde voy. Tuve la sensación de estar en el vientre de mi madre, y al sentir esa conexión pude hablar con ella desde el corazón. Le dije lo mucho que la amo; lo importante que fue y es su presencia en mi vida; lo orgulloso que estoy de venir de su vientre; lo bien que me hizo sentir su amor incondicional en cada momento de mi vida, y que estar junto a ella fue el regalo más grande que pudo darme Dios.

Desde el momento en que entré a gatas al temazcal me conecté con el vientre materno. Fue algo natural. En cuanto me senté y el temazcalero empezó a echar agua con hierbas medicinales sobre las piedras calientes, el olor me remontó a la etapa de mi vida en la que me formaba conectado a mi madre. Experimenté tranquilidad, confianza, seguridad, tantos sentimientos bonitos que me da pena no poder describirlos. Se me enchina el cuero nada más de recordarlos.

Qué sabios fueron nuestros antepasados al inventar los baños de temazcal como algo cotidiano y terapéutico, que fueron perfeccionando con el tiempo. Primero fueron casas hechas de carrizo cubiertas por petates, barro o hierbas, en forma de cúpula de pequeñas dimensiones, hasta edificaciones de piedra y ladrillo, como muchas de algunas poblaciones de México. Lo mejor es que esta tradición sigue existiendo y permite gozar de una experiencia mágica y enriquecedora.

La meditación ha traído a mi vida una paz que jamás imaginé. Yo, que siempre ando tan acelerado, buscando por aquí y por allá, haciendo ejercicios para fortalecerme, les puedo decir que me cayó como anillo al dedo. La primera vez llegaron a mi mente un chorro de pensamientos, y por más que quería dejarlos pasar no lo lograba. La constancia ha hecho que mejore poco a poco. Aprendí a ponerle un propósito al día, y eso fue como quitarme una venda de los ojos. Me concentro en lo que quiero conseguir en el momento presente y no ando pensando en mil cosas que no vienen al caso. Ahora medito todas las mañanas por lo menos diez minutos antes empezar el trajín del día; eso me ayuda a enfocarme en mis metas y a creer más en mí.

Practicar yoga me cuesta más trabajo; hasta el tango se me da mejor. Puede decirse que la retomé (no tengo madre, en realidad solo había tomado cuatro o cinco cuando asistía a la última clase que daba mi esposa en el gimnasio para ver si me pelaba, ¿se acuerdan?). Todavía no estoy muy convencido de que sea lo mío. Lo que sí me queda claro es que me ayuda a relajarme y siento más flexible mi cuerpo; empiezo a mantener el equilibrio lo que me da fortaleza física, mental y espiritual.

Esta práctica ha sido utilizada a lo largo de milenios para combatir las causas del sufrimiento y permitir a los seres humanos alcanzar lo que es suyo por derecho desde el nacimiento: el estado de felicidad. También ayuda a tener conciencia del complejo sistema que somos, cuerpo y mente, surgidos de la misma esencia de toda la creación, y que estamos vinculados a través de cada acción, palabra y respiración, con todo cuanto nos rodea. Paso a paso vamos adquiriendo la libertad para actuar desde la totalidad de nuestro ser, sin seguir atados por nuestros condicionamientos personales, familiares y culturales.

La combinación de meditación y yoga ha despertado una nueva conciencia en mí. Me siento mucho mejor, me rinde más el día, tomo las cosas como vienen, me siento optimista, se me ha bajado un poco lo canijo controlador. Cada vez que podemos nos vamos con nuestros amigos a algún lugar de fin de semana (lo organizan una vez al mes) para meternos al temazcal, tomar masajes holísticos (que son deliciosos y relajan muy bien), hacer yoga y meditación, pero sobre todo le damos tiempo a nuestra relación de pareja, aprovechamos para relajarnos, conectarnos, divertirnos y disfrutarnos.

Y como bien dicen, una cosa lleva a la otra. Al estar en este llamémosle "despertar de la conciencia" (o caída de veinte tras veinte), unos cuates que estaban en Tepoz con nosotros nos empezaron a platicar sobre el ayurveda. Nunca habíamos oído hablar de él. Hay tantas cosas sorprendentes actualmente, y lo curioso es que la mayoría de las disciplinas que ahora practicamos para relajarnos y encontrar la paz interior tienen siglos existiendo; las utilizaban en otras culturas, incluyendo la nuestra, mucho antes de las conociéramos.

Ayurveda significa literalmente "ciencia de la vida", y es la medicina tradicional y el sistema natural de curación de India.

Según el ayurveda los seres humanos somos como baterías eléctricas que constantemente recibimos y descargamos energía, que continuamente emitimos corrientes de repulsión y atracción. Por si fuera poco, la "ciencia de la vida" nos enseña cómo crear el equilibrio necesario para tener una salud de primera. Además, nos invita a entender la conexión que existe entre cuerpo-mente-espíritu, para que seamos capaces de extender la duración de la vida y crear longevidad con salud y lucidez. Esto lo deseo con toda el alma, después de todas las que he pasado.

El principal objetivo de esta ciencia es conocernos a nosotros mismos y aceptar que nuestros cuerpos están cambiando constantemente, ya que vivimos en un mundo de dualidades. Y que conforme despertemos a nuestro verdadero potencial, crearemos libertad en nuestros cuerpos. Una vez que la armonía se establezca, seremos conscientes de todo lo que existe y de todas nuestras capacidades.

Suena un poco extraño, pero estudiarlo, y practicarlo sobre todo, me ha servido muchísimo.

El ayurveda nos dice que nuestra naturaleza es divina y que todo lo que necesitamos saber se encuentra ya dentro de nosotros, en la medida en que vayamos abriendo ese canal a través de la meditación, para que todo se dé como debe ser.

El término ayurveda proviene del sánscrito, antigua lengua de India, y significa "ciencia (veda) de la vida (ayur)". Como método curativo integral se centra en la conservación de la salud, y abarca tanto medidas preventivas como tratamientos, sobre todo en caso de enfermedades crónicas, dentro de una visión holística del ser humano.

Actualmente está reconocido formalmente por la Organización Mundial de la Salud, y es considerado un sistema de salud completo.

Como podrán darse cuenta, me clavé durísimo en el tema, ya que ha sido una parte importante de mi desarrollo. La verdad, me ha servido para irme reconstruyendo cachito a cachito. El ayurveda me ha enseñado que todo aquello que necesito conocer de mí, o de las fuerzas del universo, se encuentra dentro de mí, lo que me ha permitido dejar de buscar afuera todo lo que hay en mi interior.

Cada uno de nosotros tenemos un canal dentro del cuerpo físico que puede abrirse a la experiencia de estar conscientes de nuestra naturaleza divina. Cuando nos volvemos conscientes de lo divino dentro de nosotros, sentimos una profunda conexión con el universo y con Dios, que nos permite estar en sintonía con las leyes naturales.

Esta filosofía sostiene que cada uno de nosotros está hecho a imagen y semejanza de la única fuerza vital del universo (Dios). Al aprender a utilizarla trascendemos el miedo, el dolor y la limitación, con lo que conseguimos la verdadera experiencia del ser.

Esta ciencia de la vida está diseñada para promover la salud natural y evitar enfermedades. Si una persona se enferma, ayurveda buscará restablecer el equilibrio de la salud natural del individuo. Digamos que es un estilo de vida natural, como el que he venido incorporando a mi vida, por el cual pretendo tener una vida saludable, y sobre todo armoniosa, para disfrutar de todo lo que me falta por vivir y por hacer.

Lo mejor de este asunto es que practico yoga kundalini, que está ligada al ayurveda. Esto surgió por casualidad, o mejor dicho, por causalidad, ya que todo es una causa y un efecto, como he aprendido de este rollo.

Kundalini es el poder que se mueve a través de la columna vertebral en forma de S, que a la vez resulta ser el principio universal de la vida, que está presente en toda la naturaleza. Es el poder que lleva al cabo la continuidad de las relaciones internas con las externas, que es la esencia de la vida.

Con lo anterior cierro con broche de oro un breviario cultural un poco largo, de todos los rollos en los que estoy metido. Estoy encantado porque aprendo todos los días algo acerca de mí que nunca hubiera imaginado conocer.

Incluso, en este afán de seguir aprendiendo me he puesto a investigar sobre otras disciplinas y ciencias que me dan curiosidad cuando alguien habla sobre ellas, como la Cábala, el budismo, la logoterapia y la terapia Gestalt.

19

Todo este aprendizaje ha sido para mantener la llama de la pasión en mi mujer, ya que mientras más me conozco más tengo para ofrecerle. Antes pensaba que eso era cosa de personas desubicadas; que no había algo más cursi que eso de que una relación es como una plantita que hay que regar todos los días para que no se marchite. Qué sorpresas te da la vida; ambas cosas son tan ciertas. Yo era de esos que creía que porque ya habían pasado los años con mi vieja, eso de la pasión y el deseo se había perdido. Incluso, ya ni ganas le echaba, para qué les miento y me hago el muy valedor. Confieso que cuando conocía a alguna pareja que empezaba me daba envidia que estuviera tan enamorada, y me consolaba pensando que el amor se les acabaría en un par de años cuando mucho. Hasta dónde llega uno. Ahora me doy cuenta de lo equivocado que andaba por la vida; el amor en la pareja no se acaba, y la pasión dura todo el tiempo que uno quiera, es cuestión de actitud, de ponerle empeño, de tener los pantalones bien puestos para atreverte a descubrir nuevas posibilidades conforme vas cambiando y el tiempo va pasando.

¿Qué puede lograr el amor? Todo, absolutamente todo. Lo que me recuerda el cuento de la lagartija.

> Un hombre, al reparar los muros de su casa, se encontró con un espacio hueco entre las paredes de madera, y vio en un muro a una lagartija inmóvil porque le habían atravesado una de sus patitas, haciéndola permanecer clavada en la pared. Al ver esto, el hombre sintió piedad y curiosidad al mismo tiempo. Y analizó la situación: el clavo había sido clavado hacía diez años, cuando la casa fue construida. ¿Qué había ocurrido entonces? Al parecer, la lagartija había sobrevivido en esa posición durante diez años. Pero eso era imposible. Entonces, el hombre se preguntó cómo había podido vivir la lagartija tantos años sin moverse. Dejó de trabajar y la observó, pensando cómo se había alimentado. De pronto apareció otra lagartija con comida en la boca. El hombre se conmovió: había sido alimentada incansablemente por otra

durante diez largos años, sin perder la esperanza en su compañera. Pensó: "Qué amor tan precioso ha tenido esa pequeña criatura".

¿Qué puede lograr el amor? Puede lograr maravillas, puede hacer milagros. Si una criatura tan pequeña puede amar así, imaginemos cómo podemos amar si lo intentamos. A veces sentimos que lo que hacemos es una gota en el mar, pero el mar sería menos si le faltará esa gota.

Sé que estos temas a veces son difíciles, pero vale la pena de vez en cuando profundizar en ellos, porque el amor es el motor de nuestra vida, de la naturaleza, del mundo y del universo.

Y hablando del amor, el romance y la pasión, permítanme contarles sobre otras cosas que he hecho para mantener mi relación de pareja, con el objeto de no formar parte de las siete de cada diez personas que no se volverían a casar con su actual pareja, y para no ser una de las parejas infelices que andan por el mundo.

Estar tanto tiempo en cama me hizo reflexionar sobre varias cosas respecto a este tema: lo primero que hice en cuanto pude fue retomar algún proyecto en común con mi esposa, lo que nos ha llevado no solo a uno, sino a varios proyectos que nos mantienen unidos. Otra cosa que me ha funcionado de *marabas* es quitarme un poco de egoísmo, así que le pedí a Mary que no renunciara a nada de lo que hacía por estar cuidándome todo el tiempo (claro que se lo pedí cuando ya podía valerme por mí mismo), que lo hiciera solo si ella quería renunciar por decisión propia y no porque sintiera la obligación de hacerlo. Darle espacio y tomarme el mío para hacer lo que nos gusta ha sido un factor importante. También aprender a tolerar nuestras diferencias, aceptar que no somos iguales, que tenemos muchas formas de pensar y actuar.

Me quité por completo esa maldita tendencia de agarrar a mi mujer como paño de lágrimas. Me di cuenta de que eso no le hace bien a ninguno de los dos, ya que mi vieja no está para solucionarme los problemas, así que a fajarme los pantalones y darme cuenta de que si quiero tener una buena relación de pareja depende de mí lograrla.

Tuve que dejar atrás mi viejo sistema de creencias para cambiarlo por uno nuevo. Caí en la cuenta de que una de mis creencias al estar en pareja era seguir el ejemplo de mis papás. Inconscientemente, quería que Mary fuera como mi mamá, y eso provocó muchos problemas, ya que la pareja consiste en dos seres adultos que se deben mirar de igual a igual. Si nos relacionamos de esa forma tenemos todo para salir adelante, lo que no sucede de otra manera. Por eso le dije adiós a mis ideas sobre el matrimonio y en cómo quiero que se comporte mi pareja; esto me ha dado mayor libertad y la oportunidad de sorprenderme de lo que sucede.

Todos los días trato de evitar la rutina en mi matrimonio, ya que como les platiqué, pensaba que los primeros años eran novedad y que después todo se volvía rutinario y aburrido, desde la convivencia hasta el sexo. Ahora me esfuerzo para que eso no suceda, y sin que sea una ocasión especial le compro flores a mi mujer, o la sorprendo con algún viaje. Siempre estoy al pendiente de lucirme para que se sienta bien y sepa lo mucho que la amo. Ella también tiene detalles chidos conmigo: me pone tarjetitas románticas en el pantalón, o me manda mensajes cachondos por el celular, acompañados algunas veces de fotos sensuales que me prenden en seguida, y lo que quiero es verla para comérmela todita.

Todo eso me hace sentir muy importante, estar de buenas y sentirme enamorado de ella, de mí, de la vida misma.

Busco innovar todo el tiempo, desde mi forma de vestir hasta cambiando los muebles de posición para no caer en la rutina, ya que esta es peligrosa y puede llevar a las parejas a ser infieles. Detectar las necesidades de mi pareja es básico; cuando me platica algo la escucho y le pregunto qué quiere que haga: que le dé un consejo, que la apapache, o simplemente que la escuche, para no irme de la boca y hacer algo que la moleste. Vieran qué bien funciona; se evitan tantas broncas.

Sé que me puse muy intenso. Discúlpenme, pero es que cuando me da por compartir algo que me funciona me emociono y quisiera que todo el mundo se enterara, para empezar a ser realmente felices y sentirnos plenos, seguros, amados, realizados y muy agradecidos con la vida por todo lo que nos da, por la oportunidad de aprender, de crecer, de vibrar, de gozar, de reír, de llorar, por sus enseñanzas día a día.

20

Ya han pasado tres años del accidente en la moto, que pueden sonar rápido, pero que no lo han sido para mí. Créanme, eso de que el tiempo pasa volando, cuando se está en rehabilitación es una gran mentira. Lo que sí es una gran verdad es que he aprendido muchísimas cosas. A veces me pregunto si no hubiera tenido ese accidente si sería el que soy ahora. Claro que no, necesité un buen madrazo para reaccionar. Qué pena. Estoy seguro de que las cosas pasan por algo, así que a levantarme y aprender.

Ahora estoy entrenando para una nueva competencia. Se trata del Mundial de *Powerlifting*, o sea, levantamiento de peso. Ya tuve la fortuna de ser campeón mundial en tres federaciones que rigen este deporte: IPF, WPF y AAU. Ahora competiré en la categoría de capacidades diferentes, e intentaré romper un récord mundial haciendo sentadillas, aunque tengo una prótesis. A ver cómo me va.

Haré un resumen técnico para los que no están familiarizados. Se trata de un deporte relativamente joven ya que se fundó en noviembre de 1972, tras constituirse la Federación Internacional de *Powerlifting*, que pronto fue reconocida en todo el mundo como IPF.

En América, los campeonatos panamericanos se establecieron en 1974, y el campeonato de América del Norte en 1977. Para los ochenta era ampliamente conocido, y había aumentado el número de levantadores competitivos.

Las mujeres, que no podían quedarse atrás, empezaron a mostrar interés, así que se fueron incorporando a distintas categorías, logrando formar los campeonatos del mundo de la mujer, que tienen una gran aceptación. Por cierto, hay mexicanas muy profesionales que han destacado en otros países, poniendo en alto el nombre de México.

La evolución del *powerlifting* ha sido sorprendente, por lo que levantadores júnior y masters pidieron grandes campeonatos, y se agregaron nuevas categorías a las competencias de cada año, así como categorías para adolescentes y hombres y mujeres mayores de sesenta años, lo que sin duda ha contribuido al auge internacional que tiene a la fecha.

Es uno de los pocos deportes que permite estas edades. Conozco a personas jubiladas que están metiéndole durísimo ya que siempre soñaron con hacerlo, pero por falta de tiempo y exceso de obligaciones no habían podido. Es una gran experiencia encontrarme con gente de todas las edades en el entrenamiento. Me transmiten su entusiasmo; algunos han recuperado la pasión por vivir gracias a su práctica.

Para alcanzar mi meta de romper el récord mundial, tengo que pasar por tres eliminatorias: una en Hidalgo, otra en Monterrey, y por último en el DF. Después viene la gran final, que es en Chihuahua. Para ello entreno todos los días, dos veces por la mañana y dos por la tarde. Así llevo varios meses, con un pequeño descanso de veintiún días, para ser exactos, porque me dio influenza y los músculos me dolían horrores.

Eso es de lunes a viernes, porque los sábados estoy haciendo un diplomado para convertirme en *coach* deportivo. Así le digo yo, pero el nombre es *Fitness Coach*, que me disparó mi buen amigo, el empresario, cuando le platiqué que quiero convertirme en el más chingón de los entrenadores. Así que debo prepararme como todo un profesional en la materia. De veras que Diosito me quiere mucho, miren todas las bendiciones que me manda día a día.

Como si no tuviera nada que hacer, sigo con el tango, la yoga y la meditación. Quisiera que los días tuvieran más horas. Confieso que a veces me estoy durmiendo cuando entreno a algún cliente, y ya para el jueves llego a casa en calidad de bulto; solo cuando se trata de hacer el amor con mi mujer se me quita todito el cansancio y me regalo un momento de placer; ahí se me olvida todo y termino bien relajado.

Estoy muy emocionado y motivado con ambas cosas. Por un lado, la idea de romper un récord mundial en una categoría nueva para mí es increíble, y por el otro, la grata sorpresa de volver a la escuela.

Nunca pensé estar sentado estudiando de nuevo. Estoy aprendiendo más sobre la importancia del bienestar interior para poder transmitírselo a mis clientes, y que a la larga se refleje en el físico, entre otras cosas. Tengo muy buenos maestros; cada sábado es una nueva experiencia que me hace reinventarme, romper paradigmas, volverme flexible, aventarme a cambiar para que otras cosas sucedan en mi vida.

En fin, es una experiencia muy recomendable que me tiene feliz.

Vaya que la vida me ha cambiado. Es increíble cómo las cosas se van sumando para que te caigan los veintes y te acomodes en el camino que te toca.

21

Pero para acomodarme en el camino que me toca, hasta que logre verme y comportarme como un ser integral no podré ir a ninguna parte.

Permítanme ponerlo más claro: si yo, Juan, saliera a la calle comportándome de diferentes maneras según el lugar donde esté, por ejemplo, que fuera uno en mi casa, otro en el gimnasio, otro en mis clases, otro con mis clientes, otro cuando compito, otro con mi familia, parecería de locos. Así que me puse a pensar que soy el mismo en todas partes, solo que me comporto de diferente manera; digamos que soy una persona integral a la que conforman varias facetas: la personal, la espiritual, la profesional y la familiar, y que a la vez todas son parte de mí, solo que si alguna falla no estará en equilibrio con las otras, y es cuando empiezan las verdaderas broncas con uno mismo.

Como una de mis metas es alcanzar el éxito en mi vida, me puse a pensar qué es lo que necesito equilibrar primero. Antes que nada me pregunté qué era el éxito para mí, a lo que me contesté que es reconocer mis pequeños, medianos y grandes logros, sencillamente reconocerlos, ya que había andado por la vida pensando que los exitosos eran personas que lograban hacer mucho dinero, tenían grandes empresas, o salían en las películas o en la TV. El éxito realmente no está en ser reconocido o en tener mucho dinero; para mí es estar muy atentos a lo que vamos logrando con nuestra vida y dejar de compararnos con otros. Esa es la faceta personal.

No cabe duda de que tanto tiempo en reposo me hizo aprender muchas cosas. Así que después de darle muchas vueltas al asunto, llegué a la conclusión de que mi éxito personal es el que traigo por naturaleza, digamos que está integrado, ya que tuve éxito desde el momento en que aprendí a respirar, a manifestar mis pensamientos, a desear a través de mi mente, y a observar todas las circunstancias a mi alrededor.

Eso me permite reconocerme como lo que soy: un ser mental perfecto, sano, capaz, autosuficiente, inteligente, amoroso; un ser sexual: nací de un óvulo fecundado por un espermatozoide y me expreso a través del sexo, ya que me gusta dar y recibir placer; de hecho, es una forma de conectarme también con mi parte espiritual, y un ser vibracional: soy energía pura por la que, dependiendo de mis deseos y pensamientos, vibro en cierta frecuencia.

Cuando sabes que el reconocimiento de lo que en esencia eres está dentro de ti y que lo consigues a través de tu ser, entonces es más fácil trabajar con él. Lo único que se necesita es recordarlo siempre.

También es importante dentro de mi éxito personal reconocer el rol que me tocó: femenino o masculino. Cada persona posee características únicas e irrepetibles, y al usarlas adecuadamente puedes entender tu naturaleza y complementar ambas partes.

Sí, así como lo leen: estoy hablando de complementar los dos lados, ya que toda persona los posee.

Por ejemplo, dentro de mi lado masculino, o *yang*, está la luz del saber, y dentro de mi lado femenino, o *yin*, está oculto el sentir; cuando equilibras ambos se produce la magia, ya que te conviertes en un ser completo, por supuesto cada quien dentro de su rol característico. En otras palabras, logras estar en armonía y en igualdad, pues sin el *yang* (lado masculino) el *yin* (lado femenino) no podría existir, ya que somos la integración de los dos.

En la actualidad, mujeres y hombres pasamos por un proceso complicado de integración personal, andamos medio perdidos sin entender qué queremos y para dónde vamos. En mi opinión eso ocurre justo por no conectarnos con nuestras dos partes.

Veamos primero el caso femenino. En la actualidad muchas mujeres han dejado a un lado el sentir para no ser vulnerables, para demostrar que son capaces de competir en un mundo laboral dominado por hombres. Precisamente aquí se pierde el foco, ya que tienden a sacrificar la esencia femenina, que es su naturaleza más fuerte. Incluso han llegado a dejar de tener hijos, perdiéndose la maravilla de engendrar y de crear cosas nuevas en su vida.

En el caso masculino, la vida laboral, personal y familiar nos ha llevado a conectarnos aún más con el saber, que es nuestra naturaleza. Esto siempre se ha hecho, solo que ahora tenemos que demostrar que somos más fuertes, capaces, inteligentes y audaces, lo que ha provocado un alejamiento cada vez mayor del lado femenino, que es el sentir.

Desde pequeños nos inculcan muchas estupideces: no llores, no seas rogón, no bailes, no sientas nada. En pocas palabras, eres macho y no vieja. Durante muchos años hemos ocultado y hasta sacrificado esos sentimientos y emociones, que se reflejan en falta de compromiso, desinterés por cortejar, y todo eso nos ha traído, al igual que a las mujeres, un gran vacío emocional.

En corto, las mujeres defienden un feminismo absurdo y los hombres proyectan un machismo castrante. Y al final, a ninguno le queda claro que somos diferentes, que se puede vivir en armonía y que no somos competencia sino un hermoso complemento.

Estoy convencido de que en la medida en que exista una verdadera necesidad de ambos sexos por equilibrar nuestros lados masculino y femenino, existirá la posibilidad de cambiar y de atrevernos a experimentar nuestra verdadera naturaleza para lograr ser realmente felices y plenos en toda la extensión de la palabra.

Ya me puse en marcha y no ha sido fácil; lo he hecho poco a poco y he logrado ver este éxito personal como mío. He podido reconocerme como soy, con lo que tengo y con lo que hago; sintiendo desde mi corazón el equilibrio de mi saber (masculino) y mi sentir (femenino). Volver a integrarlos en mí estuvo chido. He vuelto a experimentar satisfacción, felicidad, entrega, reconocimiento, amor, alegría, y un gran orgullo de ser quien soy.

Todo en esta vida tiene solución. Cuando estuve en el hoyo más profundo y pensé que no la libraba, encontré una luz que me dio esperanza y me enseñó que en mis manos está el poder; solo necesité querer salir y cambiar mi actitud.

Ahora me siento libre como cuando era niño, ya no tengo miedo de amar, de jugar, de gozar, de cantar, de bailar, de disfrutar, de divertirme; así, sin pensar tanto las cosas, solo siendo quien soy y respetando lo que deseo.

Veamos la segunda faceta que es la espiritual. En mis investigaciones encontré que esta no es más que hallar una forma de conexión espiritual que te lleve a un espacio donde aprender a respetarte, amarte y admirarte, para que después puedas hacerlo con los demás.

Hombres y mujeres hemos descuidado nuestros talentos y necesidades para complacer a una sociedad cada vez más carente de valores, por lo que ha llegado el momento de apreciar nuestras cualidades, capacidades y aptitudes, para sentirnos orgullosos de lo que somos, en lo particular y en lo general.

Así que me pregunté: qué valores son los que debo empezar a reconocer en mí. Y me dije: "Empieza primero por el de la honestidad, síguele con la confianza, luego el compromiso acompañado de la lealtad y la justicia; que no se te olviden el entusiasmo, la armonía, el respeto, el orgullo y el amor, para que te sea más fácil retomar tu esencia espiritual". Así lo hice y me funcionó.

Y no me refiero a alguna religión, filosofía, creencia o divinidad. Estoy hablando de reconocer esa luz interior que todos tenemos y que de repente, sea por miedo o por ignorancia, no creemos que esté ahí.

Todos tenemos una hermosa luz interior que nos reviste de una belleza inexplicable, que nos transforma en personas extraordinarias. Es una luz de autoconocimiento inagotable, que hace que tengamos un espíritu grandioso.

Cuando tomé conciencia de esto recuperé mi auténtico poder y logré conectarme con esa divinidad que soy. Que quede bien claro que no estoy diciendo que sea Dios; lo que quiero decir es que he encontrado la conexión perfecta con el poder superior, o Dios, como lo quieran llamar.

Hay que atreverse a despertar, ya que solo así se puede disfrutar de un mundo maravilloso que existe dentro de cada uno.

¿Cómo puede haber un planeta dichoso si no está habitado por gente plena, contenta y feliz? Entrarle de lleno a la dicha no es robarle a nadie la posibilidad de hacerlo a su vez. Al contrario, ayudamos a liberar a los demás, si es que quieren ser liberados.

La luz interior que nos conecta espiritualmente me ha hecho experimentar una energía muy especial que jamás pensé sentir, ya que yo era de los que me la pasaba dando tumbos con mis creencias: un día creía en una cosa; otro en otra. Incluso llegué a pensar que alguien me había hecho brujería y comencé a darle mucha importancia.

Lo bueno es que esa pesadilla ya pasó, y ahora siento correr por mis venas una energía poderosa que brilla en mi interior e ilumina mi exterior con esa grandeza que me pertenece.

Otra manera de conectarme con esta espiritualidad la encontré en la sexualidad. Es increíble cómo todo tiene que ver con todo. Cuando aprendí a conocer lo que me gusta, lo que me provoca placer y con cuáles zonas de mi cuerpo puedo experimentar el éxtasis, inmediatamente se equilibró mi espíritu con lo sublime, con lo divino. No estoy exagerando, es una sensación que me llena de vitalidad. Cuando aprendí a conocer mi cuerpo y a estar consciente de las sensaciones que me regala (viví años sin hacerle caso, qué barbaridad) logré esa conexión divina entre mi cuerpo y el universo.

Como ya dije antes, la sexualidad plena que he descubierto y que comparto con mi mujer, me ha llevado a tener relaciones sexuales más satisfactorias, con una gran libertad y confianza; por supuesto con amor y una capacidad de entrega total que nunca imaginé.

Ando muy entusiasmado con este tema: me ayudó a salir de ese maldito accidente que les platiqué, a convertirme en mejor persona, a comprometerme de lleno conmigo, a disfrutar de todo, sorprendiéndome de lo bella que es la vida. Voy avanzando en paz, sin prisa, con paciencia, confiando, en equilibrio, meditando, y sobre todo sintiendo cada paso que doy con amor.

La faceta profesional está interesante. Lo primero que encontré fue que me enfoqué a lo tonto en salir adelante, en tener más lana, a correr por lo que quería, a pensar que con todo eso resuelto, como por arte de magia lo demás lo estaría. Y no solo me equivoqué sino que me di en la madre varias veces, recogiendo pedazo a pedazo de mí, como he podido, para volver a armarme poco a poco. Y lo que ahora me ha aliviado es la conexión que he encontrado con el lado personal y espiritual que les platiqué, pues mientras no lo hice siempre tuve un hueco bien grande que llenar, hasta que me cayó el veinte y empecé a reconocerlos en mi vida. Así, al ir integrándolos, mi equipaje es mucho más ligero.

Sé que todavía me queda mucho por hacer ya que tengo metas que aún no realizo, escalones sin subir y capacidades que me faltan por descubrir. La buena noticia es que siempre tengo algo más por lo que ir; estoy consciente de que algunas veces para alcanzar lo que deseo me veré obligado a hacer cambios drásticos, a buscar nuevas estrategias, a crear cosas nuevas y divertidas para reinventarme todo el tiempo: si ese es el precio, lo pago con mucho gusto.

He aprendido a no dejar las cosas a medias, a cerrar ciclos ya que eso me ayuda a alcanzar lo que quiero y a ver más claro para dónde voy. Me aseguro casi todo el tiempo de gozar lo que hago, desde el proceso hasta la ejecución; digamos que no me espero a que esté hecho para disfrutarlo; me divierto en el camino a mi meta.

El ser generoso conmigo y con los demás ha contribuido a mi avance profesional. Es cierto eso que dicen que cuando eres generoso todo se multiplica. Las personas son clave para poder avanzar; tratarlas con dignidad ha sido un factor importantísimo para seguir creciendo.

Así, amando y respetando a los demás en absoluta igualdad y con gran convicción, he logrado amarme y respetarme con tanta fuerza que día a día garantizo mi éxito profesional.

Ahora hablaré sobre la faceta familiar, la que por cierto dejé al final, no porque tenga poca importancia, sino porque es donde se ven reflejados los resultados de las facetas personal, espiritual y profesional.

Cuando somos niños y jóvenes nuestra familia son papá, mamá y hermanos, y es aquí donde empezamos a desarrollar nuestros talentos y capacidades. Se nos educa y obtenemos la base de nuestra formación. Se forman lazos emocionales positivos donde varias personas se aman. Esto se da regularmente en las familias, pues de algún modo se ligan los componentes de un clan por las costumbres y la cotidianidad, por el hecho de cubrir sus necesidades.

Estos son algunos motivos por los que los integrantes de una familia se unen y vinculan de muchas maneras. Claro que si las cosas son de este modo tan positivo, los hijos crecen con gran autoestima, confiados, amados, respetados, aprenden a ser valientes, y sin duda sus circunstancias de vida son más fáciles.

Pero, ¿qué pasa si las cosas no son así? Entonces crecemos llenos de resentimientos, miedos, temores, baja autoestima, envidia y con la convicción de que somos incapaces de lograr algo en la vida, y bajo estas circunstancias el camino al famoso éxito personal se complica más porque es difícil romper las ataduras familiares.

Este es el momento de aplicar el reconocimiento personal del que hablé antes; hay que fajarse los pantalones para reconocerse como lo que cada uno es: un ser mental, bueno, sano, perfecto, capaz, autosuficiente, inteligente, creativo y todo lo que le quieran agregar, ya que el hacerlo rompe esas ataduras negativas y nefastas que nos han paralizado, y que seguramente repetimos con nuestra propia familia.

Para mí fue muy importante darme cuenta de que mi familia actual son mi esposa y Sofi. Entendí la importancia de amarme a mí mismo para no pretender llenar ese vacío con el amor de mi vieja y de mi chamaca, cargándoles todo el paquetito emocional que eso conlleva, ya que nunca podrán darte lo que tú no tienes.

Con esto quiero decir que al amarme, respetarme y reconocerme, he evitado andar de metichote en la vida de los miembros de mi familia, y en la medida en que puedo trato de convertirme en su guía para compartir experiencias que nos ayuden a crecer y a fortalecer nuestros lazos, y con esto evitar lo más posible hacerles daño o echarles la culpa de lo que no soy capaz de hacerme cargo.

Es sorprendente lo que podemos lograr; los cambios a los que podemos contribuir; la felicidad que podemos generar a nuestro alrededor. No es una utopía: es una realidad al alcance de las manos.

Después de todo esto, lo primero que se me ocurre es hacer un análisis profundo y plantearme varias preguntas: ¿realmente estoy viviendo la vida que deseo? ¿Soy quien quiero ser? ¿Tengo ganas de cambiar? ¿Quiero convertirme en un ser integral? ¿Qué me falta? ¿En dónde no he puesto atención? ¿Hacia dónde dirijo mis esfuerzos para lograrlo?

En resumidas cuentas, tengo un chorro de trabajo por delante; lo importante es que ya empecé a hacer los cambios necesarios para conseguir mejorar, y eso me tiene un poco nervioso porque a la mera hora me sorprendo repitiendo patrones, cayendo en viejas creencias, confundido con los cambios que estoy haciendo. Tengo dudas, angustia; algunas veces me enojo y me desespero pues quisiera ver los cambios ya. Me consuela pensar que hasta los enemigos tienen enemigos, y el enemigo del miedo es el coraje, así que a entrarle a pesar de todos los obstáculos que me pongo, pues ya lo decidí y no me mueve nadie de ese lugar.

Estar conscientemente consciente de que mi vida es mía, por lo que merezco vivirla con intensidad, es la fortaleza que necesito para seguir adelante. Me pongo a pensar que si el camino no tuviera obstáculos no me conduciría a ninguna parte. Así que cuando se presenten lo que haré será confiar en mí, como lo he venido haciendo desde que dejé de ser víctima de las circunstancias; en mi intuición, que nunca se equivoca, sin confusiones, visualizando a dónde quiero llegar y deseando con todo el corazón que sea para mi bien y el de los demás.

El camino hacia esa vida mágica que merecemos nace en el corazón y se abre paso en el espíritu.

Si desperté tu curiosidad y en este momento te estás preguntando por dónde comenzar, te sugiero que lo hagas desde donde te encuentras ahora, y a partir de ahí empieces a despertar ese camino dentro de ti. El sueño no comienza a menos de que tú lo inicies.

El momento de transformar tu existencia es ahora. No seas de los que esperan la oportunidad y el lugar correctos para actuar, ya que el hecho de esperar te aleja de aquello que deseas; si realmente quieres ser, tienes que hacer.

Atrévete a vivir de modo que lo que hagas sea uno con lo que eres. Si tienes un propósito claro, el corazón bien abierto y la mente despierta, sin duda tendrás el poder de dirigir tu destino. Vive por elección y no por azar. Solo así encontrarás el verdadero éxito en todas sus facetas. Nunca olvides que la persistencia establece la diferencia entre obtener algo o perderlo.

Estoy orgulloso de ser hoy por hoy una persona que se atreve a conseguir lo que se propone en la vida. Me he convertido en mi propio proveedor de posibilidades (que son un chorro). Tengo claro que crecer es arriesgarme a aceptar los desafíos que se me presenten, así como asumir riesgos con inteligencia. He aprendido a desarrollar mi confianza corriendo pequeños riesgos al principio para, poco a poco, ir incrementándolos hasta sentir la seguridad y confianza suficientes para asumir mayores.

Les confieso que todo esto me lo inspiró un cliente, y ahora amigo. Sí, el que me echó la mano con la lana del clavo que me pusieron y que me ha dado trabajo y apoyo.

Es un empresario muy exitoso que empezó con un sueño y ahora tiene una empresa muy chingona. Así que me di a la tarea de preguntarle cómo lo hizo. Se descosió como hilo de media y me contó todo esto a grandes rasgos, lo que despertó mi curiosidad y empecé literalmente a entrevistarlo. Mientras me platicaba yo tomaba notas y luego investigaba, más estando aún convaleciente.

Algo que me venía dando vueltas en la cabeza era cómo había logrado hacer dinero sin perder el piso, ya que el poder y el éxito son muy canijos, y él es un hombre a toda madre, con los pies bien plantados en la tierra. Para mi sorpresa, un día me dijo: "Mira mi Juan, ahí te va un *tip* fácil y rápido: hacer lo que se tiene que hacer y no buscar el dinero como el fin de lo que se hace, sino solo hacerlo con pasión. Además, es importante no jugarle al sabelotodo, saber derrotarte en lo que no eres bueno y pagarle a alguien que sí sepa por dónde; y hoy poner cara de que soy, digamos, parecer para ser".

Se los cuento tal cual me lo dijo, para que cada quien lo acomode a su vida como quiera. Les confieso que no esperé que fuera así de sencillo.

Lo canijo esta en hacerlo, sobre todo cuando hay que pagar la renta, la escuela, el gasto, la luz, el gas, el teléfono y todo lo que ya sabemos. Pero se puede si uno deja de pensar en esas pequeñeces y mejor enfoca sus baterías en lo que realmente ama hacer.

Yo he comprobado que pensarme pobre me trae más pobreza, y que cuando hago un buen negocio en el que recibo un pago generoso me siento así, generoso, contento, valorado. Y no digamos cuando aprendí a cobrar bien por mi trabajo, hasta el humor me cambió y la autoestima se me fue al cielo. Solo necesité quitarme el miedo y valorar lo que hago.

En verdad le echo un chorro de ganas, siempre estoy actualizándome con nuevas técnicas, investigando qué hay de nuevo en la nutrición, los suplementos alimenticios; invirtiéndole a medidores de grasa, actualizando *software* para que me ayude a hacer más eficiente el esfuerzo de mis clientes. En fin, estar al día es básico en mi profesión.

22

Mi vida ha tenido que enfrentar algunas veces obstáculos muy difíciles de sortear, pero hoy veo todas las experiencias como un gran aprendizaje, así que me entrego a ellas con aplomo y voy superando todo paso a paso. Ahora soy capaz de lidiar con sentimientos de culpa, envidias, fracasos, depresiones, angustias, tristezas. Sin duda, las enseñanzas han sido enormes, especialmente que todos los problemas tienen solución; cada uno nos brinda la oportunidad de crecer, de conectar con nuestras capacidades y descubrir lo grandes que somos, además de que nos merecemos lo mejor siempre, no a ratitos, no a migajas, siempre.

Hoy tengo muy claro que la vida es demasiado corta como para pasarla quejándome y lamentándome por todo lo que he vivido hasta ahora. Definitivamente no vale la pena vivir de mal humor o compadeciéndome de mí mismo, simplemente porque eso no produce en mi vida nada positivo, sino todo lo contrario: cuando me he sentido víctima de las circunstancias he caído en un laberinto sin salida, del cual nunca habría logrado salir de no ser por la tenacidad con que he luchado para hacerlo.

Y no crean, todavía me llego a sorprender por comportamientos destructivos, como echarle la culpa a los demás, sentir que voy a la deriva o que soy un títere del destino, así como no sé cuántas estupideces más.

Lo que en verdad me he propuesto es vivir cada día como si fuera el último; disfrutar al máximo este regalo llamado presente, y esforzarme por dejar atrás el pasado, que es como un cheque cancelado: ya no sirve para nada.

Solo después de mucho reflexionar me di cuenta de que noventa y nueve de cada cien cosas que me preocupaban nunca llegaban a suceder. Cuánto tiempo perdido.

También intento dejar de tener expectativas con respecto al futuro, aunque todavía me sorprendo con ellas, más de lo que creen, pues para mí vivir el aquí y el ahora es lo más importante: me imagino que tengo frente a mí un lienzo en blanco, esperando a que lo pinte para llenarlo de hermosos momentos que iluminen cada instante de mi vida.

Ahora mi filosofía en la vida es muy clara: en cualquier circunstancia que digo, opino o prometo algo, mantengo mi palabra, porque esa es la única manera en que puedo mirar al mundo de frente, directamente a los ojos.

Hoy en día digo muchas veces: "Yo te amo" y ya no me avergüenzo de amarme a mí mismo, a mi mujer, a mi hija, a mi hijo, a mi madre, a mis hermanos, a mi padre, a mis primos, a mis amigos y a mis clientes.

Ya no me clavo en rencores, sino que me perdono con facilidad, y también a los demás, ¿por qué?, porque la neta es que ellos no me hacen daño, sino que soy yo quien permite que sus palabras o acciones me dañen.

El asunto está así: el poder absoluto de mi vida lo tengo yo y nadie más; yo soy mi propia causa; el arquitecto de mi destino; el que merece lo mejor de este mundo, y a quien le gusta compartir el gran amor que siente dentro de su corazón. Mientras tenga resentimientos y odios dentro de mí me será imposible ser feliz. Lo maravilloso del perdón no es que libera al otro de su eventual culpa, sino que me libera a mí de un sufrimiento.

Con todo esto que les acabo de decir quiero invitarlos a dejar salir sus miedos para que tengan espacio para vivir sus sueños, ya que hasta que no vacíen su alma de todo lo que los atormenta no podrán llenarla de todo lo que los hará felices. ¿Saben cuál es la diferencia entre un sueño y una meta? Una meta es un sueño con una fecha concreta para convertirse en realidad, así que atrévanse a soñar, pero atrévanse también a convertir esos sueños en metas para que se hagan realidad.

Espero no estarlos aburriendo con todo este choro terapéutico, pero denme *chance*. Durante varios meses no hice más que estar acostado, reflexionando, y llegué a todas estas conclusiones que quiero compartir con ustedes. Ya saben que todas esas experiencias terribles me han partido la madre en serio, y por lo mismo me han concedido una sabiduría de la que antes carecía y que hoy puedo transmitirles.

El aprendizaje que más valoro es que la felicidad es una elección que puedo hacer en cualquier momento y en cualquier lugar, ya que son mis pensamientos los que me hacen sentir feliz o desgraciado, no mis circunstancias. Ser feliz es permitir a la criatura que vive dentro de cada uno de nosotros que sea libre, alegre y simple. Es tener la madurez para reconocer "me equivoqué";

la audacia para decir "perdóname"; la sensibilidad para expresar "te necesito"; la capacidad de decir "te amo".

Lo único que puedo controlar en el mundo son mis pensamientos y sentimientos. Mis sentimientos se ven influenciados por mi postura ante la vida, y una postura adecuada genera una disposición feliz. Pueden tener defectos, pasar ansiedades y estar irritados algunas veces, pero nunca se permitan olvidar que su vida es su mayor empresa en el mundo. Solo ustedes pueden evitar que ella vaya en decadencia. Hay muchas personas que los admiran y los quieren. Siempre deben recordar que ser feliz no consiste en tener un cielo sin tempestades, caminos sin accidentes, trabajos sin cansancio o relaciones sin decepciones. Ser feliz no es solo valorar la sonrisa, sino también reflexionar sobre la tristeza; no es simplemente conmemorar el suceso, sino aprender las lecciones de los fracasos; no es la alegría de los aplausos, sino encontrarla también en el anonimato.

Otro de los verdaderos secretos para ser feliz es aprender a dar sin esperar nada a cambio, pues las leyes de la energía les devolverán con creces lo que den siempre. Así que si dan indiferencia, ¿qué recibirán? Pero si lo que dan es amor, invariablemente obtendrán amor a cambio. Solo si aprenden a dar, así, incondicionalmente, sin cuestionarse, estarán en el camino de descubrir la verdadera felicidad.

Nunca supe quién fue aquel hombre que me ayudó el día de mi accidente, sin cuya intervención me hubieran tenido que amputar la pierna. Él dio incondicionalmente y me enseñó esta gran lección.

Es vital ser agradecido con todas las oportunidades que nos brinda la vida, y me refiero a todo: cada amanecer, cada sonrisa, la posibilidad de caminar, de cargar unas pesas, de amar. Los invito a intentarlo, a sentir gratitud por cada una de esas pequeñas pero a la vez grandiosas cosas, y se darán cuenta de cómo, efectivamente, la felicidad depende de uno mismo.

Por último, está la fe en uno mismo y en los demás, la cual crea confianza, nos da paz mental y libera el alma de dudas, preocupaciones, ansiedades y miedos que nos paralizan. Así que cuando duden, no se asusten: solo confíen en su verdadera fe.

Al respecto les platico que mi vida empezó a cambiar cuando me di cuenta de que no era mi ambiente el que me controlaba, sino que yo era quien controlaba mi ambiente; soy yo quien puede disminuir las luces en mi propio mundo

Permítanme platicarles mi concepto de Dios, quien es, sin lugar a dudas, mi gran guía. Él es el saber; sí, eso para mí significa que es la razón de mi vida en todo su esplendor, mientras que el sentir son las emociones y sentimientos, la vida misma. Y así descubrí que no es posible encontrar el camino si no se combina y mantiene su equilibrio. Me explico: si logro que mi saber (Dios, poder superior, inteligencia divina) gobierne mi vida, entonces el sentir (emociones y sentimientos) podrá dirigirla de una manera más relajada. Yo me confieso totalmente fiel a esta creencia, por lo que confío en que mientras mantenga ese equilibrio y deje de dudar, cuestionar, culpar y juzgar, y empiece a amarme, estaré conectado con ese poder superior y todo estará bien con mi vida.

Y esta historia termina en esta página, sabiendo que mi vida sigue y que tengo mucho por aprender, crecer, amar, disfrutar, caminar, entregar y agradecer.

Gracias, gracias, gracias queridos lectores por permitirme ser parte de su vida.

Palabras finales de la autora

Durante años me he preguntado qué nos ha pasado como sociedad, en dónde perdimos la brújula y dejamos de creer en nosotros. Que si nos sentíamos conquistados; que si habíamos perdido nuestro orgullo; que si, que si... Innumerables razones. Veredicto: todos culpables, menos nosotros. Y sigo preguntándome: ¿quiénes son todos los demás y quiénes somos nosotros? Porque hablamos de una sociedad como si nosotros no fuéramos parte de ella; hablamos de política, religión, antepasados, como si fueran ellos, ¿y nosotros?

Es momento de retomar nuestro orgullo, de encontrarnos con lo que somos y siempre hemos sido: una raza que se ha fusionado con otras logrando una integración total, que defiende sus valores, el amor por la familia, el pertenecer a toda costa, que quiere salir adelante. Sí, despertemos. Somos fuertes, inteligentes, muy creativos, llenos de sueños, de cosas buenas, con un corazón que no nos cabe en el pecho, con esperanza y fe. Esa fe que mueve montañas y que nos hace levantarnos de todo con la frente en alto, con empuje, entrega, optimismo y gran pasión.

Por todas estas razones escribí este libro, *Una historia de peso,* basada en una historia real, en donde el protagonista nos cuenta sus sueños, tragedias, amores, desamores, enfermedades, y cómo a pesar de tantas cosas decide salir adelante, dándose cuenta de que él es el actor principal de su propia historia, de su vida. Y que todo lo que ha pasado hasta ahora ha sido consecuencia de las malas o buenas decisiones que tomó. Y que seguirá haciéndolo, ya que la vida sigue y hay que entrarle sin miedos, con coraje, volviendo a comenzar cuando es necesario, viviendo plenamente y con conciencia, enfocándose en todo lo que tiene y no en lo que carece.

Analiza fríamente. ¿Quién te hace sufrir? ¿Quién te rompe el corazón? ¿Quién te lastima? ¿Quién te roba la felicidad o te quita la tranquilidad? ¿Quién controla tu vida?

¿Tus padres? ¿Tu pareja? ¿Un antiguo amor? ¿Tu suegra? ¿Tu jefe?

Podrías armar toda una lista de sospechosos o culpables. Probablemente sea lo más fácil. De hecho, solo es cuestión de pensar un poco e ir nombrando a todas aquellas personas que no te han dado lo que te mereces, te han tratado mal, o simplemente se han ido de tu vida, dejándote un profundo dolor que hasta el día de hoy no entiendes.

Pero no necesitas buscar nombres. La respuesta es más sencilla de lo que parece: nadie te hace sufrir, ni te rompe el corazón, ni te daña o te quita la paz. Nadie tiene la capacidad, a menos que tú se lo permitas, le abras la puerta y le entregues el control de tu vida.

Llegar a pensar con ese nivel de conciencia puede ser un gran reto, pero no es tan complicado como parece. Se vuelve mucho más sencillo cuando comprendemos que lo que está en juego es nuestra propia felicidad. Y, definitivamente, el peor lugar para colocarla es en las manos de otro, en sus pensamientos, sentimientos, comentarios o decisiones.

Cada día me convenzo más de que sufrimos no por lo que nos pasa, sino por las expectativas que tenemos sobre distintas situaciones y por tratar de darle respuesta a preguntas que taladran nuestra mente.

No se sufre por la acción de la otra persona, sino por lo que sentimos, pensamos e interpretamos sobre lo que hizo, como consecuencia directa de haberle dado el control a alguien ajeno a nosotros.

Si lo quieres ver de manera más gráfica, es como si nos estuviéramos haciendo vudú voluntariamente, clavándonos las agujas cada vez que un tercero hace o deja de hacer algo que nos incomoda. Lo más curioso e injusto del asunto es que la gran mayoría de las personas que nos "lastimaron" siguen sus vidas como si nada hubiera pasado; algunas inclusive ni se llegan a enterar de todo el teatro que estás viviendo en tu mente y sintiendo en tu corazón.

No podemos pasarnos la vida cediendo el poder a alguien más porque terminamos dependiendo de otros, convertidos en marionetas de sus emociones, pensamientos y acciones.

Definitivamente nadie puede decidir por nosotros. Nadie puede obligarnos a sentir o a hacer algo que no queremos; tenemos que vivir en libertad. No podemos estar donde no nos necesitan ni donde no quieran nuestra compañía. No podemos entregar el control de nuestra existencia, para que otros escriban nuestra historia. Tal vez tampoco podamos controlar lo que pasa, pero sí decidir cómo reaccionar e interpretar aquello que nos sucede.

La próxima vez que pienses que alguien te lastima, te hace sufrir o controla tu vida, recuerda:

no es él, no es ella, *eres tú* quien lo permite y está en tus manos volver a recuperar el control.

Estoy segura de que a través de esta conmovedora historia cada uno encontrará la suya propia y cómo recomenzar de nuevo, ya que nos invita a reflexionar sobre lo que somos, hacia dónde vamos, cómo ir detrás de nuestros sueños para hacerlos realidad. Además, nos enseña que adoptar el papel de víctimas no deja nada bueno, ya que nos hace indefensos ante nuestra propia existencia y nos hace a un lado para vivir nuestra vida con amor, plenitud, alegría, entusiasmo y pasión.

El momento del cambio está siempre en el ahora y en tus manos.

Solo tú lo puedes elegir.

Te invito a retomar tu orgullo personal, el de tu raza, el de tu país y juntos construiremos nuestra nueva historia.

Pongamos de nuevo la frente en alto y demostrémonos lo valiosos que somos.

ÍNDICE

Prólogo 9
Introducción 11
Capítulo 1 13
Capítulo 2 25
Capítulo 3 37
Capítulo 4 45
Capítulo 5 51
Capítulo 6 57
Capítulo 7 63
Capítulo 8 69
Capítulo 9 77
Capítulo 10 83
Capítulo 11 91
Capítulo 12 103
Capítulo 13 111
Capítulo 14 117
Capítulo 15 121
Capítulo 16 125

Capítulo 17 129
Capítulo 18 137
Capítulo 19 145
Capítulo 20 151
Capítulo 21 157
Capítulo 22 175
Palabras finales de la autora 183